学校トラウマの実際と対応

藤森和美 編著

児童・生徒への支援と理解

誠信書房

は じ め に

　2020年代に入り，少子化の問題はますます深刻になっている。日本の少子化は，若い世代の結婚や出産に対する意識の変容，就労と職業キャリアへの期待と葛藤，所得の伸び悩み，就労形態などによる家族形成状況の違い，依然として厳しい女性の就労継続，子育て世代の男性の産休・育休の取りにくさ，長時間労働などが原因とされている。このような多様な課題を抱えたなかで，生をうけてきた子どもたちの人生の歩みを，我々は社会全体として受け入れ子育てを支援していかなければならない。

　家庭の問題では，生活の貧困，両親の不和や離婚とそれに伴う再婚やステップファミリーとの同居，虐待の被害などがある。学校での問題も多く，いじめ，学業不振，教師からの体罰などの問題がある。さらに子どもの発達の偏りや特徴的な行動による不適応，対人関係のトラブル，反社会的な行動，引きこもりなどの非社会的な行動も不適応につながる。

　そのなかで，学校で生徒を教える教職員の人材不足問題は非常に深刻である。どんなに丁寧に生徒にかかわりたくても，教員の抱える仕事量は膨大であり，物理的にとても厳しい。そこに専門職との連携で「チーム学校」としての機能が強く求められてきている。

　地域社会援助の中で，学校現場での子どもの精神健康にかかわることが重要な領域であるのは言うまでもない。本書は，公認心理師や臨床心理士をめざす学部生，大学院生にもわかりやすく書かれている。また，第一線で活躍している執筆者の示した理論や架空事例は，既に活躍されている学校教員，養護教諭，スクールソーシャルワーカー，スクールカウンセラーらにとって非常に貴重で示唆に富むものだ。これらを共有することで，チームとして連携し子どもの抱える問題を解決できると信じている。

　本書の出版にあたり，ご尽力いただいた誠信書房の中澤美穂氏，楠本龍一

氏に心より感謝申し上げる。

2020年7月20日

藤森和美

目　次

はじめに　i

第1章　学校安全のありかた ………………………………………… 1
第1節　学校安全とはどのような教育活動か　1
第2節　学校安全の法的根拠　2
第3節　学校安全の活動場面　4
第4節　学校安全が扱う領域　5
第5節　学校安全における危機管理のとらえ方　6
第6節　「学校事故対応に関する指針」の内容　8
第7節　第2次学校安全の推進に関する計画　10
第8節　学校安全の今後　13

第2章　トラウマに配慮した学校づくり …………………………… 15
第1節　なぜトラウマに配慮する必要があるのだろうか　16
　1．トラウマの理解　16
　2．逆境的小児期体験とその影響　19
　3．罰を与えることの限界　21
第2節　トラウマに配慮したアプローチ　23
　1．トラウマインフォームドケアとは　23
　2．トラウマセンシティブスクールとは　23
第3節　安心・安全感を高めるための取り組み　24
　1．多層支援　24
　2．リマインダーへの配慮　27
　3．行動目標の明確化　28
　4．社会性と感情の育み　30

さいごに　32

第3章　不登校のトラウマ 35

第1節　不登校とトラウマ　35

第2節　いじめで不登校になる　39

第3節　虐待で不登校になる　42

第4節　性暴力被害で不登校になる　46

第5節　トラウマインフォームドケア　48

第4章　虐待のトラウマ 50

第1節　虐待のトラウマの特徴　51

第2節　人生早期からの慢性的な対人トラウマの影響　52

　1．アタッチメントへの影響　53

　2．感情調節・行動のコントロール・自己概念への影響　55

　3．子ども時代の逆境体験の長期的影響　56

第3節　学校における虐待のトラウマを負った子どもの支援
　　　　──子どもの言動の理解　58

第4節　虐待のトラウマを負った子どもたちの支援──生活内での
　　　　かかわり　62

　1．安全感を高める工夫　62

　2．問題行動への対応　63

　3．自己コントロール感を高める　63

　4．自己肯定感を高める　64

第5節　教職員自身のセルフケア　64

　1．トラウマの影響を受けていることに気づくこと　64

　2．バランスをとること　65

　3．人とつながること　65

さいごに　66

第5章　子どもの性暴力被害への対応 68

はじめに　68

第1節　子どもへの性暴力とは　69

   1．被害者に配慮した言葉えらび　69

   2．性暴力被害　72

   3．性的同意年齢とは　72

第2節　子どものSOSサインを見つける　74

   1．偏見と価値観　74

   2．子どものSOS反応　75

第3節　子どもの性的問題行動　78

   1．理解されない性的問題行動——学校生活での対応　78

   2．PTSD　80

   3．学校でのケアと配慮　81

さいごに　83

第6章　災害・事件・事故の危機介入 ……………………………… 84

第1節　災害・事件・事故による，影響の特徴　84

   1．災害　84

   2．事件・事故の影響の特徴　87

第2節　平時の備えと緊急時の役割分担について　88

第3節　実際の危機介入　91

   1．場のケア　93

   2．心のケア　95

   3．配慮が必要な事項　97

第4節　専門機関・他機関との連携　99

第5節　中長期のケア　99

   1．学級運営　99

   2．学校運営・申し送りなど　100

   3．管理職・教職員のケア　101

   4．心のケアの継続　101

さいごに　102

第7章　スクールソーシャルワーカーの仕事と連携
——子ども応援団の一員として ……………………… 104

第1節　スクールソーシャルワーカーの仕事　104
1．スクールソーシャルワークの目的と特徴　104
2．スクールソーシャルワーカーの専門性と役割　105
3．スクールソーシャルワークの援助過程①（ミクロ実践の展開過程）　106
4．スクールソーシャルワークの援助過程②（メゾ実践の展開過程）　108
5．スクールソーシャルワークの援助過程③（マクロ実践の展開過程）　108

第2節　スクールソーシャルワーカーの支援の実際　109
1．情報収集　110
2．アセスメント　111
3．プランニング　111
4．支援の実行と成果　112
5．支援の終結とその後の経過　113
6．支援のポイント　113

第3節　支援の力を高め合う機関・地域連携　114
1．なぜ連携が必要とされるのか　114
2．機関・地域連携のポイント　117
3．カンファレンス開催のポイント　117

第4節　子どもの最善の利益を目指して　120

第8章　児童相談所との連携 ……………………………………… 123

第1節　学校と児童相談所　123
1．子どもにとっての学校　123
2．子どもを守る　123

第2節　事例　126

第3節　まとめと提言　140

さいごに　141

第9章　トラウマインフォームドケア
──学校でのトラウマケアの理解 ……… 143

第1節　トラウマ焦点化治療 144

第2節　トラウマインフォームドケア 147

第3節　サイコロジカル・ファーストエイド学校版（PFA-S） 151

1．被災者に近づき，活動を始める　152

2．安全と安心感　152

3．安定化　153

4．情報を集める　153

5．現実的な問題の解決を助ける　154

6．周囲の人々とのかかわりを促進する　154

7．対処に役立つ情報　155

8．紹介と引き継ぎ　155

9．まとめ　155

第10章　チーム学校の取り組み ……… 158

はじめに 158

1．学校危機における二つの危機管理　158

2．専門職を活用した校内支援体制　160

第1節　チーム学校の実現のために 161

1．専門性に基づくチーム体制の構築　161

2．学校のマネジメント機能の強化　162

3．教職員一人ひとりが力を発揮できる環境の整備　163

第2節　学校危機における危機対応チーム 164

1．学校心理学と危機対応チーム　164

2．学校心理学の援助チームと危機対応チーム　164

第3節　チーム学校による危機対応 166

第4節　学校危機におけるチーム学校の課題 173

さいごに 178

第1章
学校安全のありかた

【渡邉正樹】

第1節　学校安全とはどのような教育活動か

　学校の内外を問わず，日々の生活の中でさまざまな危険・危機が子どもたちを取り巻き，数多くの事件・事故の原因となっている。学校の管理下における事故・災害はもちろん，学校以外でも家庭内の事故，交通事故，自然災害，あるいは暴力や誘拐のような犯罪による被害などが発生し，それらの解決は関係者にとって大きな課題である。

　そのようななかで学校安全は，子どもたちの命を守るうえで欠かすことの

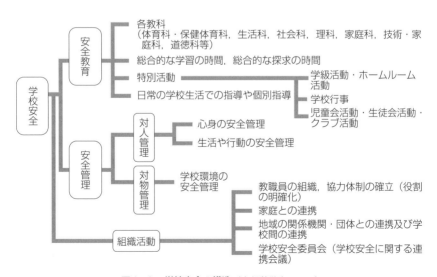

図1-1　学校安全の構造（文部科学省，2019）

できない教育活動となっている。学校安全の目的とは、「児童生徒等が自ら安全に行動し、他の人や社会の安全に貢献できる資質・能力を育成するとともに、児童生徒等の安全を確保するための環境を整えること」ととらえられている（文部科学省，2019）。

　学校安全は図1-1に示すように、学校における児童生徒等の安全に関わる諸活動、すなわち、「児童生徒等が自らの行動や外部環境に存在する様々な危険を制御して、自ら安全に行動したり、他の人や社会の安全のために貢献したりできるようにすることを目指す安全教育」と、「児童生徒等を取り巻く環境を安全に整えることを目指す安全管理」、そして「両者の活動を円滑に進めるための組織活動」という三つの主要な活動から構成されている（文部科学省，2019）。

第2節　学校安全の法的根拠

　学校安全は主に学校保健安全法に基づいて実施される。

　同法第27条では「学校においては、児童生徒等の安全の確保を図るため、当該学校の施設及び設備の安全点検、児童生徒等に対する通学を含めた学校生活その他の日常生活における安全に関する指導、職員の研修その他学校における安全に関する事項について計画を策定し、これを実施しなければならない」とされ、「学校安全計画」の立案と実施が学校に義務づけられている。

　同法第28条では「校長は、当該学校の施設又は設備について、児童生徒等の安全の確保を図る上で支障となる事項があると認めた場合には、遅滞なく、その改善を図るために必要な措置を講じ、又は当該措置を講ずることができないときは、当該学校の設置者に対し、その旨を申し出るものとする」とされ、校長の責務が示されている。なお施設設備の安全確保のために行う安全点検は、学校保健安全法施行規則第28条において毎学期1回以上、児童生徒等が通常使用する施設及び設備の異常の有無について系統的に行うことが義務づけられており、必要があるときは、臨時に安全点検を行うものとされている。さらに同施行規則第29条では、施設等について日常的な点検を行い、環境の安全の確保を図らなければならないとされている。点検項目は各

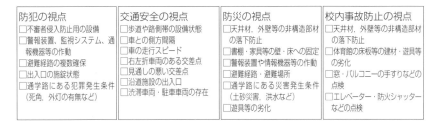

防犯の視点	交通安全の視点	防災の視点	校内事故防止の視点
□不審者侵入防止用の設備 □警報装置、監視システム、通報機器等の作動 □避難経路の複数確保 □出入口の施錠状態 □通学路にある犯罪発生条件（死角，外灯の有無など）	□歩道や路側帯の設備状態 □車との側方間隔 □車の走行スピード □右左折車両のある交差点 □見通しの悪い交差点 □沿道施設の出入口 □渋滞車両・駐車車両の存在	□天井材，外壁等の非構造部材の落下防止 □書棚・家具等の壁・床への固定 □警報装置や情報機器等の作動 □避難経路・避難場所 □通学路にある災害発生条件（土砂災害，洪水など） □遊具等の劣化	□天井材，外壁等の非構造部材の落下防止 □体育館の床板等の建材・遊具等の劣化 □窓・バルコニーの手すりなどの点検 □エレベーター・防火シャッターなどの点検

図1-2　施設・設備の点検項目例（文部科学省，2018）

学校において独自に作成されるが，図1-2は施設・設備の点検項目の一部の例を示したものである。

　同法第29条では「学校においては，児童生徒等の安全の確保を図るため，当該学校の実情に応じて，危険等発生時において当該学校の職員がとるべき措置の具体的内容及び手順を定めた対処要領を作成するものとする」とある。これは「危険等発生時対処要領」すなわち危機管理マニュアルの作成を示したものである。また同法第29条の2では「校長は，危険等発生時対処要領の職員に対する周知，訓練の実施その他の危険等発生時において職員が適切に対処するために必要な措置を講ずるものとする」とあり，危機管理マニュアルの周知と実施について示されている。さらに同法第29条の3では「学校においては，事故等により児童生徒等に危害が生じた場合において，当該児童生徒等及び当該事故等により心理的外傷その他の心身の健康に対する影響を受けた児童生徒等その他の関係者の心身の健康を回復させるため，これらの者に対して必要な支援を行うものとする」とされ，心のケアなど事後の危機管理について定めている。

　同法第30条では，「学校においては，児童生徒等の安全の確保を図るため，児童生徒等の保護者との連携を図るとともに，当該学校が所在する地域の実情に応じて，当該地域を管轄する警察署その他の関係機関，地域の安全を確保するための活動を行う団体その他の関係団体，当該地域の住民その他の関係者との連携を図るよう努めるものとする」とあり，学校と家庭や地域との連携の必要性を示している。

第3節　学校安全の活動場面

　学校安全の活動は，教育のさまざまな場面で行われている。まず安全教育であるが，教育課程に即してとらえると，教科として小学校体育科保健領域，中学校保健体育科保健分野および高等学校保健体育科科目「保健」はもちろん，理科や社会などの関連した内容のある教科や道徳，総合的な学習の時間などで取り扱い，特別活動の学級（ホームルーム）活動や学校行事・課外指導などで取り上げられることが多い。

　安全管理は，学校環境の管理を中心とした対物管理と，子どもたちの心身を対象とする対人管理からなる。対物管理の活動内容は前述した学校保健安全法に基づいて安全点検等が行われる。対人管理では学校におけるさまざまな活動を対象として，子どもたちの心身状態を把握し，事件・事故の発生を防止する。事故の原因となる背景として，子どもたちの疲労や注意散漫，抑うつ気分，気持ちの高揚などが存在することが少なくない。学校行事など通常の授業とは異なる場面では特に注意を要する。

　なお学校安全はすべての教職員がかかわる活動であるが，安全主任等の学校安全担当者を中心に，それぞれの役割分担を明確にしておく必要がある。校長は，学校経営の中に学校安全を位置づけて，推進する責任を負う。しかし実務面においては，たとえば安全主任のような学校安全担当者が学校安全計画の原案を策定することになる。安全教育の実施にあたっては，学級担任，保健体育科教諭，養護教諭らが担当するとともに，学校三師（学校医・学校歯科医・学校薬剤師）等非常勤職員も必要に応じて指導や助言にあたる。たとえば突然死の防止では学校医が，歯牙傷害の防止では学校歯科医が，心のケアではスクールカウンセラーが参加することが考えられる。PTA・保護者はもちろん，警察署・消防署など学校安全にかかわる諸機関・団体もまた重要な役割を担っている。以上のような関係者による学校安全委員会を設置することは，学校安全を計画的に実施するうえで不可欠である。

第4節　学校安全が扱う領域

　学校安全は一般に「生活安全」,「交通安全」,「災害安全（防災）」の三つの領域に分類される。安全教育に基づいて各領域の具体的な内容を示すと,表1-1に示すとおりになる。このように学校安全の扱う内容は広域にわたるが,主として学校の管理下における事件・事故,災害が取り上げられる。

表1-1　**安全教育の領域**（文部科学省, 2019）

（1）生活安全に関する内容
①　学校,家庭,地域等日常生活の様々な場面における危険の理解と安全な行動の仕方
②　通学路の危険と安全な登下校の仕方
③　事故発生時の通報と心肺蘇生法などの応急手当
④　誘拐や傷害などの犯罪に対する適切な行動の仕方など,学校や地域社会での犯罪被害の防止
⑤　スマートフォンやSNSの普及に伴うインターネットの利用による犯罪被害の防止と適切な利用の仕方
⑥　消防署や警察署など関係機関の働き
（2）交通安全に関する内容
①　道路の歩行や道路横断時の危険の理解と安全な行動の仕方
②　踏切での危険の理解と安全な行動の仕方
③　交通機関利用時の安全な行動
④　自転車の点検・整備と正しい乗り方
⑤　二輪車の特性の理解と安全な利用
⑥　自動車の特性の理解と自動車乗車時の安全な行動の仕方
⑦　交通法規の正しい理解と遵守
⑧　自転車利用時も含めた運転者の義務と責任についての理解
⑨　幼児,高齢者,障害のある人,傷病者等の交通安全に対する理解と配慮
⑩　安全な交通社会づくりの重要性の理解と積極的な参加・協力
⑪　車の自動運転化に伴う課題（運転者の責任）,運転中のスマートフォン使用の危険等の理解と安全な行動の仕方
⑫　消防署や警察署など関係機関の働き
（3）災害安全に関する内容
①　火災発生時における危険の理解と安全な行動の仕方
②　地震・津波発生時における危険の理解と安全な行動の仕方
③　火山活動による災害発生時の危険の理解と安全な行動の仕方
④　風水（雪）害,落雷等の気象災害及び土砂災害発生時における危険の理解と安全な行動の仕方
⑤　放射線の理解と原子力災害発生時の安全な行動の仕方

⑥　避難場所の役割についての理解
⑦　災害に関する情報の活用や災害に対する備えについての理解
⑧　地域の防災活動の理解と積極的な参加・協力
⑨　災害時における心のケア
⑩　災害弱者や海外からの来訪者に対する配慮
⑪　防災情報の発信や避難体制の確保など，行政の働き
⑫　消防署など関係機関の働き

第5節　学校安全における危機管理のとらえ方

　学校における危機管理体制の確立は，すべての学校における重要課題である。学校における危機管理は「人々の生命や心身等に危害をもたらす様々な危険や災害が防止され，万が一事故等が発生した場合，発生が差し迫った状況において，被害を最小限にするために適切かつ迅速に対処すること」と定義されている（文部科学省，2018）。さらに学校の危機管理は，①安全な環境を整備し，事故等の発生を未然に防ぐとともに，事故等の発生に対して備えるための事前の危機管理，②事故等の発生時に適切かつ迅速に対処し，被害を最小限に抑えるための発生時の危機管理，③危機がいったん収まった後，心のケアや授業再開など通常の生活の再開を図るとともに，再発の防止を図る事後の危機管理の三段階でとらえている（図1-3）。

　ところで学校安全と危機管理はどのような関係にあるのか。前述した学校安全計画には，安全教育に関する事項，学校管理に関する事項および安全に関する組織活動が含まれている。危機管理の内容は，課題に応じて安全教育，安全管理，組織活動にまたがって整備される。すなわち危機管理は安全管理だけではなく，安全教育や組織活動にも位置づけられるということになる（文部科学省，2003）。学校危機管理の実効性を高めるためには，必要事項や手順を示した危機管理マニュアルを作成し，いつでも活用できるように準備をしておく。

　たとえ発生の可能性が低くても，それに備えることが危機管理である。危機管理においては「こんなことは起こらないだろう」「今までだって大丈夫だった」という油断は大敵である。危機管理ではあらゆる危機発生を想定す

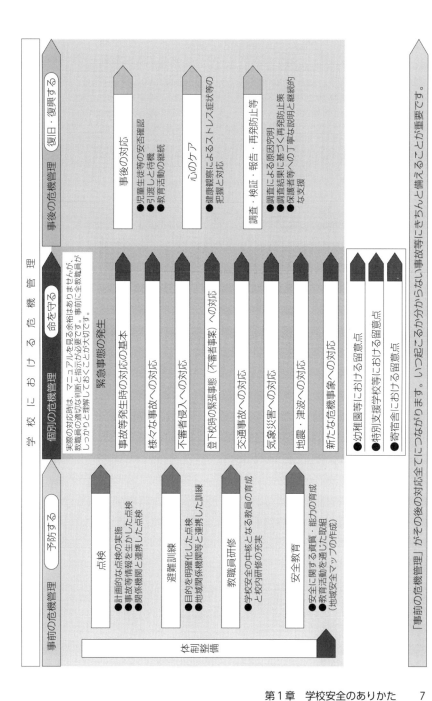

図1-3 危機管理の3段階（文部科学省, 2018）

る必要がある。

第6節 「学校事故対応に関する指針」の内容

　2016年3月，文部科学省は「学校事故対応に関する指針」（以下，「指針」）
を取りまとめ，公表した（文部科学省，2016a）。この指針は2014年度より
「学校事故対応に関する調査研究」有識者会議が2年間かけて検討を重ねた
成果である。この指針以前には，2010年に文部科学省より「子どもの自殺が
起きたときの緊急対応の手引き」が発刊されており，このなかでは児童生徒
の自殺が発生した際に行うべき事実の把握と遺族への対応を中心にした対応
について示されている。「学校事故対応に関する指針」も同様の方向性をも
ちつつ，学校の管理下で発生する重大な事故に対応した指針となっている。
　事故発生時に最優先することは，傷病者の救命処置である。第一発見者
は，被害児童生徒等の症状を確認し，近くにいる教職員，児童生徒等に応援
の要請を行うとともに，被害児童生徒等の症状に応じて，速やかに止血や心
肺蘇生などの応急手当を行う。また事故発生後には，被害児童生徒等の保護
者に対して可能なかぎり早く連絡する。学校側はつねに被害児童生徒等の保
護者に対して，学校側が知りえた事実を正確に伝えるなど，責任のある対応
を行う。
　なお指針には，学校の管理下において死亡事故および治療に要する期間が
30日以上の負傷や疾病を伴うような重篤な事故が起こった場合には，学校は
速やかに学校の設置者へ報告を行わなければならないことが示されている。
　事故発生直後から事故後1週間程度に学校が行うべき対応としては，事故
についての基本調査がある。原則として3日以内を目途に，学校は関係する
すべての教職員から聴き取りを実施するとともに，必要に応じて，事故現場
に居合わせた児童生徒等への聴き取りを実施する。児童生徒等への聴き取り
調査を行う場合は，保護者の理解・協力，心のケア体制が整っていることが
前提となる。調査の目的は，事故の再発防止のためと，被害児童生徒等の保
護者やその他の保護者の事実に向き合いたいなどの希望に応えるためであ
り，民事・刑事上の責任追及などを目的としているわけではない。

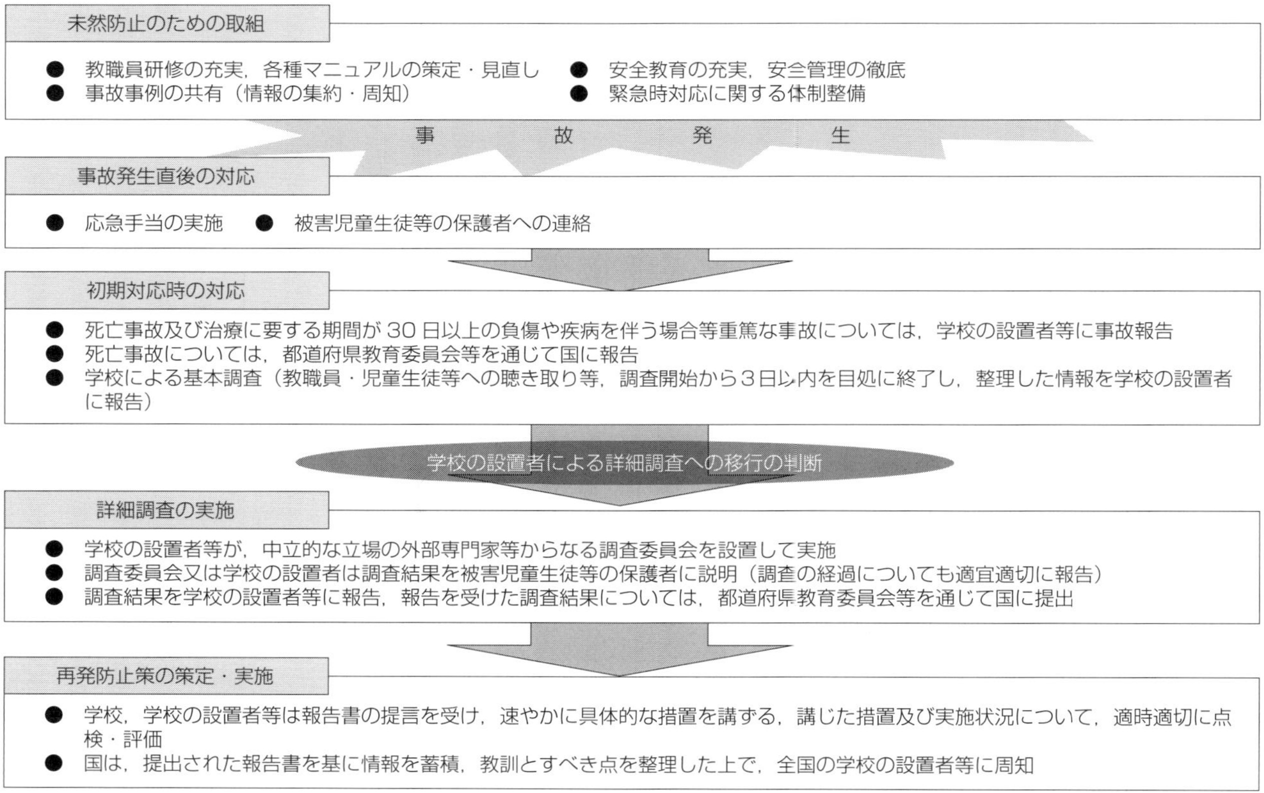

未然防止のための取組
- 教職員研修の充実、各種マニュアルの策定・見直し
- 事故事例の共有(情報の集約・周知)
- 安全教育の充実、安全管理の徹底
- 緊急時対応に関する体制整備

事故発生

事故発生直後の対応
- 応急手当の実施
- 被害児童生徒等の保護者への連絡

初期対応時の対応
- 死亡事故及び治療に要する期間が30日以上の負傷や疾病を伴う場合等重篤な事故については、学校の設置者等に事故報告
- 死亡事故については、都道府県教育委員会等を通じて国に報告
- 学校による基本調査(教職員・児童生徒等への聴き取り等。調査開始から3日以内を目処とし、整理した情報を学校の設置者等に報告)

学校の設置者による詳細調査への移行の判断

詳細調査の実施
- 学校の設置者等が、中立的な立場の外部専門家等からなる調査委員会を設置して実施
- 調査委員会又は学校の設置者は調査結果を被害児童生徒等の保護者に説明(調査の経過についても適宜適切に報告)
- 調査結果を受けた学校の設置者等については、報告を受けた調査結果を整理した上で、都道府県教育委員会を通じて国に提出

再発防止策の策定・実施
- 学校、学校の設置者等は報告書の提言を受け、速やかに具体的な措置を講ずる。講じた措置及び実施状況について、適時適切に点検・評価
- 国は、提出された報告書を基に情報を蓄積。教訓とすべき点を整理した上で、全国の学校の設置者等にコーディネーターを配置

※ 必要に応じて、保護者と学校双方にコミュニケーションを取ることができるコーディネーターを配置

図1-4 「学校事故対応に関する指針」に基づく取組の流れ (文部科学省、2016a)

基本調査後に実施する詳細調査は，外部専門家が参画した調査委員会が行う詳細な調査であり，事実関係の確認にとどまらず，事故が発生した原因を解明し，再発防止につなげるものである。詳細調査は基本調査と同様に，事故の原因究明および再発防止のための取り組みについて検討するためのものであり，責任追及や処罰等を目的としたものではない。詳細調査では公平性・中立性を確保しなければならない。

　指針では，事故発生直後から被害児童生徒らの保護者への支援にあたり，その心情に配慮した対応を行うことが求められている。学校や設置者は，つねに保護者に寄りそい，責任ある対応を行うようにすることが重要である。

　なお指針に基づく対応の流れは図1-4に示す。

第7節　第2次学校安全の推進に関する計画

　文部科学省は学校保健安全法第3条2項に基づき，2012年4月に「学校安全の推進に関する計画」（以下，「第1次計画」）を策定し，閣議決定された。さらに5年後の2017年3月には「第2次学校安全の推進に関する計画」（文部科学省，2017a，以下，「第2次計画」）が閣議決定された。第2次計画は，2017年度からの5年間の学校安全の推進に関する施策の基本的方向と具体的な方策を示したものである（表1-2）。

表1-2　「第2次学校安全の推進に関する計画」の概要

1．目指すべき姿 　①　全ての児童生徒等が，安全に関する資質・能力を身に付けることを目指す。 　②　学校管理下における児童生徒等の事故に関し，死亡事故の発生件数については限りなくゼロとすることを目指すとともに，負傷・疾病の発生率については障害や重度の負傷を伴う事故を中心に減少傾向にすることを目指す。 2．推進方策 （1）学校安全に関する組織的取組の推進 　全ての学校において，管理職のリーダーシップの下，学校安全の中核となる教職員を中心として，組織的な取組を的確に行えるような体制を構築するとともに，全ての教職員が，各キャリアステージにおいて必要に応じた学校安全に関する資質・能力を身に付ける。 【施策目標】 ●全ての学校において，管理職のリーダーシップの下，学校安全の中核となる教職員を中心

とした組織的な学校安全体制を構築する。
- 全ての学校において，学校安全計画及び危機管理マニュアルを策定する
- 全ての学校において，自校の学校安全に係る取組を評価・検証し，学校安全計画及び危機管理マニュアルの改善を行う。
- 全ての教職員が，各種機会を通じて，各キャリアステージにおいて，必要に応じた学校安全に関する研修等を受ける。

（2）安全に関する教育の充実方策
　全ての学校において，学校安全計画に安全教育の目標を位置付け，これに基づいて，カリキュラム・マネジメントの確立と主体的・対話的で深い学び（アクティブ・ラーニング）の視点からの授業改善により，系統的・体系的で実践的な安全教育を実施する。

【施策目標】
- 全ての学校において，学校教育活動全体を通じた安全教育を実施する。
- 全ての学校において，自校の安全教育の充実の観点から，その取組を評価・検証し，学校安全計画（安全管理，研修等の組織活動を含む）の改善を行う。

（3）学校の施設及び設備の整備充実
　安全対策の観点からの老朽化対策を推進するとともに，私立学校における構造体の耐震化の完了に向けて，早急に対策を実施する。

【施策目標】
- 全ての学校において，耐震化の早期完了を目指すとともに，緊急的に取り組むことが必要な老朽化対策等の安全対策を実施する。
- 全ての学校において，地域の特性に応じ，非常時の安全に関わる設備の整備を含めた安全管理体制を充実する。

（4）学校安全に関するPDCAサイクルの確立を通じた事故等の防止
　全ての学校において，外部の専門家や関係機関と連携した安全点検を徹底するとともに，事故等の未然防止や発生後の調査・検証，再発防止のための取組の改善・充実を一連のサイクル（PDCAサイクル）として実施する。

【施策目標】
- 全ての学校において，定期的に学校施設・設備の安全点検を行うとともに，三領域（生活安全・災害安全・交通安全）全ての観点から通学・通園路の安全点検を行い，児童生徒等の学校生活環境の改善を行う。
- 全ての学校において，学校管理下における事故等が発生した場合には，「学校事故対応に関する指針」に基づく調査を行う。

（5）家庭，地域，関係機関等との連携・協働による学校安全の推進
　全ての学校において，保護者や地域住民，関係機関との連携・協働に係る体制を構築し，それぞれの責任と役割を分担しつつ，学校安全に取り組む。

【施策目標】
- 全ての学校において，児童生徒等の安全に関する保護者・地域住民との連携体制を構築する。
- 全ての学校において，児童生徒等の安全に関する外部専門家や関係機関との連携体制を構築する。

　第1次計画以降，学校安全の取り組みは着実に成果を上げていったが，課題もいくつか残った。たとえば，学校の管理下における死亡事故は減少して

きているが，負傷・疾病の発生件数は横ばい状態であること，児童生徒等の安全を脅かす犯罪や交通事故は依然として発生していること，地域間，学校間，教職員間に差がみられ，継続性が確保されていないなどが指摘された（文部科学省，2017a）。そのため第2次計画では，特に教職員に関しては「全ての教職員が，各種機会を通じて，各キャリアステージにおいて，必要に応じた学校安全に関する研修等を受ける」ことが施策目標にあげられている。

　また安全教育に関して，「全ての学校において，学校教育活動全体を通じた安全教育を実施する」が示された。教育課程において教科等を通じて育成すべき資質・能力を踏まえて，安全に関する資質・能力が以下のとおり示された。

　　（知識・技能）
　　　様々な自然災害や事件・事故等の危険性，安全で安心な社会づくりの意義を理解し，安全な生活を実現するために必要な知識や技能を身に付けていること。
　　（思考力・判断力・表現力等）
　　　自らの安全の状況を適切に評価するとともに，必要な情報を収集し，安全な生活を実現するために何が必要かを考え，適切に意思決定し，行動するために必要な力を身に付けていること。
　　（学びに向かう力・人間性等）
　　　安全に関する様々な課題に関心を持ち，主体的に自他の安全な生活を実現しようとしたり，安全で安心な社会づくりに貢献しようとしたりする態度を身に付けていること。

　「幼稚園，小学校，中学校，高等学校及び特別支援学校の学習指導要領等の改善及び必要な方策等について（答申）」（文部科学省，2016b）によると，「安全で安心な社会づくりのために必要な力」の育成には，「教科等の関係を明確にし，どの教科等におけるどのような内容に関する学びが資質・能力の育成につながるのかを可視化し，教育課程全体を見渡して確実に育んで

いくこと」とされ，それぞれの学校において安全教育に関するカリキュラム・マネジメントの確立の必要性が指摘されている。

第8節　学校安全の今後

2017年11月17日に「教職課程コアカリキュラムの在り方に関する検討会」において，「教職課程コアカリキュラム」（文部科学省，2017b）が取りまとめられた。このなかで「教育の基礎的理解に関する科目」のひとつである「教育に関する社会的，生徒的または経営的事項」のなかで学校安全が取り上げられた。

> 「教育に関する社会的，制度的または経営的事項」（学校と地域との連携及び学校安全への対応を含む。）
> 学校安全への対応
> 　一般目標：学校の管理下で起こる事件，事故及び災害の実情を踏まえて，学校保健安全法に基づく，危機管理を含む学校安全の目的と具体的な取組を理解する。
> 　到達目標：
> 　1）　学校の管理下で発生する事件，事故及び災害の実情を踏まえ，危機管理や事故対応を含む学校安全の必要性について理解している。
> 　2）　生活安全・交通安全・災害安全の各領域や我が国の学校をとりまく新たな安全上の課題について，安全管理及び安全教育の両面から具体的な取組を理解している。

このようにこれからの教員養成課程においては，教員を目指すすべての学生が学校安全を学ぶ機会が設けられた。今後は現職の教員への研修を含めて，学校安全の取り組みを担うすべての教職員の資質・能力の育成，向上のための取り組みが進められることが期待される。

【引用文献】

文部科学省（2003）．学校の安全管理に関する取組事例集——学校への不審者侵入時の危機管理を中心に．日本スポーツ振興センター．

文部科学省（2016a）．学校事故対応に関する指針．〔https://anzenkyouiku.mext.go.jp/guideline-jikotaiou/index.html〕（2020年2月25日）

文部科学省（2016b）．幼稚園，小学校，中学校，高等学校及び特別支援学校の学習指導要領等の改善及び必要な方策等について（答申）．〔https://www.mext.go.jp/b_menu/shingi/chukyo/chukyo0/toushin/1380731.htm〕（2020年2月25日）

文部科学省（2017a）．第2次学校安全の推進に関する計画．〔https://anzenkyouiku.mext.go.jp/plan-gakkouanzen/index.html〕（2020年2月25日）

文部科学省（2017b）．教職課程コアカリキュラム．〔https://www.mext.go.jp/b_menu/shingi/chousa/shotou/126/houkoku/1398442.htm〕（2020年2月25日）

文部科学省（2018）．学校の危機管理マニュアル作成の手引．

文部科学省（2019）．「生きる力」をはぐくむ学校での安全教育．東京書籍．

第2章
トラウマに配慮した学校づくり

【内海千種　中村有吾】

　学校での対応が難しい子どもはいないだろうか。理由はわからないが反抗的な態度をとったり，あるいは逆にいつも"ぼーっ"としており授業に集中できていなかったりする子ども。何度注意をしても行動が変化せず，自分自身の力量不足や，怒りや不甲斐なさを感じてしまうこともあるかもしれない。実はこのような，対応が難しい子どもの行動の中には，トラウマが少なからず影響を及ぼしている場合がある。この「トラウマ」という用語を耳にした印象はどのようなものであろうか。「自分はトラウマの専門家ではないのでわからない」や，「トラウマは専門家に任せたらいいのでは」，「教育を専門とする学校で，なぜトラウマに配慮する必要があるのだろうか」と疑問に思う方もいるかもしれない。

　このような「トラウマ」という用語が引き起こすネガティブな反応は，トラウマに配慮した学校づくりを推進している北米においても認められる（中村ら，2019）。一方で世界的には学校教育領域においても，トラウマは専門家がケアするという流れだけではなく，トラウマが子どもに及ぼす影響を理解したうえで組織として対応していこうという機運が高まりつつある。「トラウマの影響を受けた子どもに必要なことは，安全で支援的な学校環境に出会うこと」（Rossen, 2012）と指摘されるほど，学校という場の重要性が認識されている。本章では，安全で安心できる学校を構築するために，トラウマケアのアプローチを背景に広がってきた，トラウマセンシティブスクール（Trauma Sensitive School）と呼ばれる枠組みについて概観していきたい。

第1節 なぜトラウマに配慮する必要があるのだろうか

次のような子どもに対して，あなたはどのような点に注目をしてかかわるだろうか。

事例2-1 反抗的態度をとるカズオ

中学校1年生のカズオさんは遅刻が多く，授業中も"ぼーっ"と外を見ていたり，肘をついて眠っていたりする。注意をするとすぐに不機嫌になり，ふとした拍子に怒りを爆発させたり，ふてくされた態度をとったりすることがある。同級生の話によると，深夜まで出歩いており，喫煙，飲酒しているとのことであった。ある日，生活指導を行おうとした担任のニシムラ教諭に呼ばれたカズオさんは，大きな声での「しっかりしないか！」という叱責に，教諭を突き飛ばして部屋を出て行ってしまった。カズオさんの対応に困ったニシムラ教諭がスクールカウンセラーに相談したところ，トラウマがもたらす影響についても検討することとなった。

1．トラウマの理解

トラウマを理解する際には「どのような出来事に曝されたのか（Event）」，「どのような体験をしたのか（Experience）」，「どのような影響が出ているのか（Effect）」という三つの視点から整理することが推奨されている。これらは"三つのE"と呼ばれ，具体的な支援策を考える際に役立つ（表2-1）。

特に出来事の性質（Event）や体験のとらえ方（Experience）によっても影響を受ける Effect について知ることは，目の前の子ども理解を助け，自身の感情に流されない対応の手助けとなる。我々は恐怖や危険に出会うと，

表 2-1　トラウマを理解するための三つの視点（三つの E）（SAMHSA, 2014 より作成）

		カズオさんの場合
Event（トラウマとなる出来事）	●自然災害や，虐待，性暴力，親しい人の死，交通事故，いじめなど，どのような出来事に曝されたのか。 ●その出来事は 1 回のみなのか複数回なのか。 ●短期間なのか長期間に渡っているのか。	●両親の離婚。 ● DV の目撃。 ●父親からの暴力（暴言・殴る）。 ●複数回，長期間。
Experience（トラウマ体験）	●その出来事をどのように体験した（意味付けている）のか。 ●身体的または心理的にどの程度傷つけられているのか。	●自分は生きている意味がない。 ●自分は弱いからこんなにしんどいんだと思う。 ●何をしてもどうせ自分が怒られる。
Effect（トラウマによる影響）	以下のような影響は出ていないか。 ●人間関係の悪化。 ●記憶や注意などの認知機能の低下。 ●行動や感情のコントロールの難しさ。	●いつもイライラしているので友人ともすぐに喧嘩になる。 ●授業に集中できず，教師の発言が頭に入ってこない。 ●イライラの爆発を止めることができない。 ●眠れないため，夜な夜な外に出たり，喫煙，飲酒で気を紛らわせたりしている。

戦うか逃げるか，もしくはすくむかといった「闘争-逃走-凍結」と呼ばれる生理的反応を示す。このような反応は自律神経を構成する交感神経と副交感神経のうち，活動性を司る交感神経が優位になることでストレスホルモンが分泌され，心拍や血圧などが高まり，事態に対処をしようとすることから生じる。通常このストレスホルモンは，ストレスに対応できるだけの血中濃度となると抑制される。しかし，ストレス負荷が非常に高いと考えられるトラウマティックな体験に曝されると，安全な状況下においても交感神経が優位な状態となり，ストレスホルモンの抑制機能がうまく働かなくなることがある。血中のストレスホルモンの濃度が一定以上になると，記憶を司る海馬や，思考や自発性などに関係する前頭前野の萎縮が見られるほか，情動反応の処理に関わる扁桃体が過剰に反応を起こすなど，脳機能の多大な低下をもたらすという説もある。つまり，トラウマによる反応は“子どもが弱いから”，“反抗しているから”といった単純な心の問題ではなく，神経生物学

的な変化による身体的な問題である。

　このトラウマの影響の表れ方には個人差があるが，以下のように広範囲に及ぶことが知られている（Perfect et al., 2016）。

- 認知機能の低下（記憶，注意，言語の発達，知能など）
- 学業機能の低下（成績，欠席，中途退学など）
- 社会-情動-行動機能の低下（破壊的行動，攻撃，反抗といった外在化反応や，うつ，不安，ひきこもり，自尊心の低下といった内在化反応など）

　具体的には，以下のような日常生活への影響が認められる。

- 物事に注意を向けること，注意を持続することが困難
- 友人や大人から距離を置く
- 教室外で多くの時間を過ごす
- 一人で過ごすことが多い
- 頭痛，胃痛，食欲不振などの身体的反応やセルフケアの低下
- 危険な行動への関わり
- 感情の把握や感情のコントロールが困難
- 強い恐怖感や不安感
- 大人や仲間を信頼すること，関係を築くことが困難

など

　したがって，忘れ物が多い，授業に集中できていない，反抗的な態度をとってくるといった行動も，認知機能の低下や，社会-情動-行動機能の低下という視点からとらえ直してみるとよいであろう。単純に"怠けている"，"甘えている"という視点では見えてこなかった，神経生物学的影響や置かれた環境への適応のためにそうせざるを得ない子どもへの支援策にもつながっていくと考えられる。

　三つの E の視点を得たニシムラ教諭は，目につくカズオさんの行動をどうにか抑えることだけに着目していたことに気づき，まずはその行動をとらざるを得ない背景要因について検討することにした。カズオさんの家庭環境や日頃の言動などの情報収集を行ったところ，カズオさんは小学校低学年の頃に，両親の離婚を経験していた。離婚成立まで父親による母親への DV を目撃していたほか，カズオさん自身も父親から「しつけ」という名の下に，暴言や身体的暴力を受けていたことがわかった。また現在も，感情の起伏が激しいために，同級生から仲間はずれにされることが多いとのことであった。

　このためニシムラ教諭は，「しっかりしないか！」という叱責が，父親からの暴言などを思い出させ，混乱したのではないだろうか，夜遊びや喫煙，飲酒を行っているのも，夜眠れないことや，つらい気持ちを紛らわせるためではないだろうか，という視点ももつようになった。

2．逆境的小児期体験とその影響

　ストレスと一言でいっても，その原因となる出来事（ストレッサー）は多岐にわたり，その影響（ストレス反応）もさまざまである。子どもの発達に影響を与える可能性のあるストレスは，「ポジティブ（positive）」，「耐えられる（tolerable）」，「有害（toxic）」の三つに分類されている（NSCDC, 2014）。

　友人との小競り合いといった日常的なストレスは，短期間の生理的なストレス反応を生じさせるものの，養育者，教師や友人などのアドバイスをもらいながら問題解決し，解消されることが多い。このようなストレスは「ポジティブ」なものであり，問題解決やコーピング（対処）スキルを習得できるため，成長には欠かすことができない。「耐えられる」ストレスは，自然災害などストレス負荷が高く，生理的反応も長く続くが，養育的な支援によって回復していき心身への悪影響も少なくて済む。一方「有害」なストレス

は，虐待のように長期にわたって繰り返され，養育的な支援を得られないことが多いため，高い生理的ストレス反応は緩和されることなく，脳機能をはじめとする身体面への悪影響は大きくなる。

　この「有害」なストレスとなることが多いトラウマティックな体験は，事件事故といった特別な出来事に関係した，ごく一部の人が経験するものと思われることも少なくないが，果たしてそうなのだろうか。この問いに答えてくれるのが，北米を中心に近年研究が盛んに行われている逆境的小児期体験（Adverse Childhood Experience：ACE）研究である。この分野で先駆的な大規模調査の一つとして，米国疾病管理予防センター（CDC）と保険会社であるカイザーパーマネンテが，南カリフォルニアの健康保険組合員13,494名の成人を対象（回答者9,508名，分析対象者8,056名）としたものがあげられる（Felitti et al., 1998）。ここでのACE内容は18歳以前に経験した養育環境における大きなストレスを指し，具体的には，心理的・身体的・性的虐待，家族の物質乱用，家族の精神疾患，家族の収監，母親へのDVの計7カテゴリーである。これらのカテゴリーについて，該当の場合は1点を加算し，その合計がACEスコア（合計7点）となる。

　調査の結果，ACEスコアが1点以上の割合は52%，4点以上が6.2%となり，一つの逆境的体験の経験者が別の逆境体験をしている率は65〜93%と高い数値を示すことが明らかとなった。さらにACEスコアと成人後の健康リスク行動，健康状態や疾病との関連性が検討された結果，ACEスコアが4点以上の場合は0点の場合と比べて，アルコール依存，薬物乱用，抑うつ気分，自殺企図が4〜12倍，喫煙，性感染症，50人以上との性交，低主観的健康感が2〜4倍，重度の肥満，運動不足が1.4〜1.6倍となり，逆境的体験がさまざまな健康問題に影響を及ぼす可能性が示唆された。

　この研究から，小児期の逆境的体験から神経発達不全が生じ，最終的には早期の死に至るというACEピラミッドが提唱された（図2-1）。なお，元々提唱されたピラミッドには下位二層はなかったが，近年，逆境的小児期体験を生み出しやすい背景として歴史，地域や社会といったマクロな視点が加えられている（CDC, n.d.）。

　本邦でも，人間関係の喪失，親の不適応，不適切な養育といった逆境的体

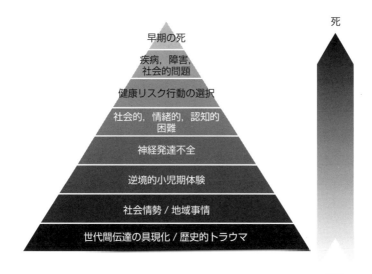

図2-1　ACE ピラミッド（CDC, n.d. より作成）

験についての研究がなされている（Fujiwara et al., 2011；藤原ら，2012）。1,722名の成人を対象とした調査の結果，31.9％が少なくとも一つの逆境的体験を経験しており，そのうちの32％が別の逆境的体験も報告していること，逆境的体験の合計数が多いほど精神疾患を発症していることなどが明らかとなっている。また個々の逆境的体験の経験率は，親の死11.5％，親の離婚10.7％，家庭内暴力10.1％，身体的虐待7.5％などであり，ACE は決して海外だけの問題ではないことがわかる。このようなストレスを緩和していくためにも，学校における教職員の養育的，支持的なかかわりは大きな役割を果たすと考えられる。

3．罰を与えることの限界

　子どもが反抗的な態度や，激しく暴れるといった行動をとっていると，大きな声で叱るなどの罰を与えることで，子どもの行動変容を期待してしまうことがある。この罰を与えるという教育方針に対して，問題点や疑義が呈されている。北米では薬物や銃の持ち込み，破壊的な行動などの問題行動に対

し，停学や退学といった不寛容な態度で対応する「ゼロトレランス」と呼ばれる教育が，1980年代から実践されてきた。その結果，学校からドロップアウトする子どもが増加し，本来子どもが習得すべき感情，行動，注意などを制御するのに必要なスキルを学習する機会や学校とのつながりを奪っているだけでなく，他の子どもの学習達成にも負の影響を与えていることが報告されている（Alexander, 2019）。また，この方針によって学校の安全性が高まるというエビデンスも不十分であることが指摘されている（APA Zero Tolerance Task Force, 2008）。そもそも罰を与えるだけでは，子どもが何をすべきか伝えられない。他者をコントロールする方法として攻撃的な手段があることを伝えてしまうだけである。さらに子どもにネガティブな感情を生じさせ，学校全体にもネガティブな影響を与えてしまうことなども指摘されている（Bear, 2010）。

　上記のような問題点が明らかになるにつれ，不適応的な行動は適応的な行動をとるためのスキルを習得していないから生じるのであり，それらのスキルの習得が，トラウマの影響も軽減することにつながるという考え方に移行している。このようにトラウマティックな体験は想像以上に多くの人が遭遇し，身体面，心理面，行動面に広く悪影響を与えていることが明らかとなっている。またその対応としても，単に叱責するといった今までの指導法とは異なる方法に取り組む必要が出ているのである。

事例2-1　つづき②

　ニシムラ教諭は意外と多くの子どもが傷つき体験をしているのかもしれない，カズオさん以外にもこれらの体験で苦しんでいる子どもがいるのかもしれないと考えるようになった。また，これまでカズオさんを叱責するだけだった指導法を再検討する必要を感じている一方で，罰を与えるなと言われてもどうしたらいいのだろうかと思うようになった。

第2節　トラウマに配慮したアプローチ

1．トラウマインフォームドケアとは

　広範囲にわたるトラウマの影響が知られるようになり，この影響を組織的な取り組みで軽減していこうとするアプローチが行われるようになってきた。このような取り組みの一つとして，トラウマインフォームドケア（Trauma-Informed Care：TIC）がある。トラウマインフォームドケアは「トラウマを念頭に置いたケア」（石井，2014）や「トラウマを熟知したケア」（川野，2017）と訳されたりするが，TIC（ティアイシー）と呼ばれることが一般的である。TICとは「トラウマによる広範囲な影響やその対応を理解したうえで，当事者（サバイバー）および支援者が身体的，心理的，情緒的にも安全であることを重視しつつ，当事者がコントロール感を取り戻し，エンパワーされる機会を提供する支援」（SAMHSA, 2014）をいう。TICでは，当事者だけではなく支援者の安心・安全感にも配慮をしていることが特徴である。このようなTICの考え方は，北米ではすでに福祉，医療，司法領域に導入されており，学校教育領域にも取り入れられるようになってきている。

2．トラウマセンシティブスクールとは

　TICの考え方を学校教育領域に適応させたものが，トラウマセンシティブスクール（Trauma Sensitive School）と呼ばれる生徒指導の枠組みである。学校教育領域におけるTICはTrauma Informed School（TIS）やTrauma Sensitive School（TSS）と呼ばれることが多く，二つはほぼ同義語として用いられているが，異なる意味合いがあるとして区別して用いる立場もある（中村ら，2019）。前者は，トラウマを抱えた子どものみを対象にしたアプローチであり，場合によっては学内で個別支援を受けている子どもが，"あの子はトラウマを抱えている"と周囲からレッテルを貼られる可能性がある。一方，後者は，トラウマを抱えた子どもだけでなく，すべての子どもを含む学校全体の環境に焦点を当てたアプローチであり，トラウマを抱

えた子どもへのネガティブなレッテル貼りを予防できるインクルーシブな枠組みである。本稿ではこれらの意図をふまえ，学校教育領域の TIC を TSS として表記していく。

TSS とは「全児童生徒が安全感をもち，受け入れられている，支援されていると感じられる学校であり，学校全体でトラウマによる学習への影響に取り組むことを教育理念としている学校」をいう（Cole ら，2013）。トラウマによる学習面などへの負の影響を軽減していくために，安心・安全に学習できる環境作りが取り組みの中心的なテーマとなっている。

トラウマに配慮された環境とするためには，教室が安全でスケジュールが予測可能であるというメッセージを送ることが求められる。安全な環境作りといってもさまざまな面に対する安全がある（WDPI, n.d.）。休息やトイレを適切に取ることができるなどの身体的欲求に関する「身体的・生理的安全」，子どもと教師間の関係が権力に基づかない，罰を行動変容に用いないといった「行動的安全」，みんなの前で間違って発表しても，恥ずかしい思いをせずに済むといった，子どものレベルにあった学習面の刺激を与え，エンパワメントする「学業的安全」，ポジティブな感情だけでなく，ネガティブな感情も他者と共有できる「情緒的安全」，クラスに居場所がある，他者とのやり取りができるようにソーシャルスキルを教えるといった，所属や対人関係に関する「社会的安全」がある（表2−2）。このように多面的に安全を検討することで，子どもの安心・安全感を高めていくことができる。次節以降が，これらの安心・安全感を高めていくための具体的取り組み内容となる。

第3節　安心・安全感を高めるための取り組み

1．多層支援

TSS では多層支援システム（Multi-Tiered System of Support：MTSS）と呼ばれる，子どものニーズに合わせた三層支援の枠組みを用いることが一般的である（図2−2）。この枠組みは元来，応用行動分析に基づいた生徒指導の枠組みであるポジティブ行動支援（Positive Behavior Support：PBS）で

表 2-2　五つの安全性

1	身体的・生理的安全	子どもが快適で安全な学校生活を送られるように，適切な休息，水分や食料の補給，室温調整，自由にトイレが利用できるなどの配慮をする。また学習に集中できるようにするために，運動などを取り入れて神経系の緊張をほぐすことも必要である。
2	行動的安全	すべての子どもが教室で安全に生活できるように，教師−子どもの関係に配慮したり，子どもに行動や社会面，感情面に関わるスキルの指導を行う。
3	学業的安全	子どもが積極的に学習に取り組めるように，他の子どもの前での発表や，音読，返答などの準備の機会を確実に提供する。子どもの間違いを修正するときには，恥ずかしい思いをさせないよう配慮する。
4	情緒的安全	子どもが自身の価値を感じ，関心事を表現できると感じるようにする。信頼できる状況で，失敗を恐れることなく，肯定的な感情も否定的な感情も共有できるよう配慮する。
5	社会的安全	子どもや教職員が，所属感や仲間との関係を維持するスキルを有していると感じるようにする。そのためにすべての子どもに，自己認識，自己コントロールなどのスキルを教える。

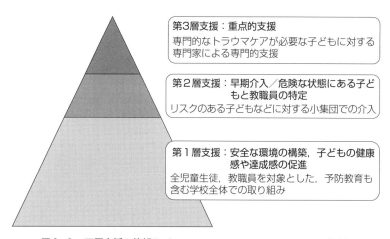

第3層支援：重点的支援
専門的なトラウマケアが必要な子どもに対する専門家による専門的支援

第2層支援：早期介入／危険な状態にある子どもと教職員の特定
リスクのある子どもなどに対する小集団での介入

第1層支援：安全な環境の構築，子どもの健康感や達成感の促進
全児童生徒，教職員を対象とした，予防教育も含む学校全体での取り組み

図 2-2　三層支援の枠組み（NCTSN Schools Committee, 2017 より作成）

使用されているものであり，そこにトラウマの観点を組み込んだものとなっている。TSS では導入の負担をできるだけかけないよう，学校ですでに実践されている取り組みをうまく活用しながら進めていくことが推奨されている。

第1層支援では全児童生徒を対象にポジティブな学校風土の構築，ストレスマネジメントを含む一般的な心身健康の教育，いじめ予防プログラム，防災教育などを行う。また教職員を対象とした二次的外傷性ストレス防止のための研修なども含まれる。全体の約80％のニーズを満たすための取り組みが実施される。

第2層支援は，第1層支援ではニーズが満たされなかった子どもなどを対象とする。第1層支援の取り組みを頻度や時間を多くして小集団で実施したり，集団への認知行動療法（CBT）を行ったりといった対応を行う。

第3層支援は，第2層支援ではニーズが満たされなかった子どもが対象となる。トラウマによる反応に特化した心理療法である，子どものトラウマに焦点化した認知行動療法（TF-CBT），持続エクスポージャー療法（PE療法），眼球運動による脱感作と再処理法（EMDR）や子どもを取り巻く家族，支援員が協働で問題の解決に取り組む Wraparound Services といった専門的なアプローチが行われる。

学校ではトラウマを抱えている子どもも，そうでない子どもも，さまざまな関係者と場を共有しており，その場がもつ子どもへの影響力は大きい。そのため，第1層支援のように全児童生徒を対象として学校という場の安心・安全感を高めることは，子どもの心理的な成長をうながす際に重要な役割を担う。ざわざわと落ち着かず教師が常に怒鳴っている，子ども同士の喧嘩が絶えない，共感的ではないというクラス環境では，恐怖を察知するセンサーが過敏に反応しやすいトラウマを抱えた子どもが，安心して学習に集中することは難しいであろう。むしろ，トラウマティックな体験を重ねてしまう可能性もある。そのため，第1層支援の取り組みは TSS でも特に重視されており，この領域は教職員の活躍が期待されるところである。

2．リマインダーへの配慮

　トラウマティックな体験をすると，そのときに見えたもの，身体の感覚，匂い，音などといった出来事に関するさまざまな情報が記憶される。通常の記憶は時間経過に伴い薄らいでいくが，トラウマティックな記憶は時間が経っても薄らぐことがなく，生々しく鮮明に保持されている。そのため，「昔のことだから，早く忘れて前を向きましょう」や「まだ，過去のことをひきずっているの？」などの励ますつもりの発言により，子どもは傷ついたり，周囲に対する不信感をより強固にしたりすることがある。

　また，トラウマを抱えている子どもは周囲や自分自身の状況に敏感になっていることもあり，本当は安全である状況でも恐ろしい事態として自動的に処理し，容易にトラウマティックな出来事を思い出してしまう。このようにトラウマティックな体験を思い出させる物事のことをリマインダーやトリガー（引き金）と呼び，以下のようなものがある（NCSSLE, n.d. より一部記載）。

- 騒々しい環境
- 身体的接触
- 見通しの立たなさ
- 規則の変更
- 喧嘩のような，仲間内での暴力の目撃
- 緊急車両，警察もしくは消防隊員
- 他人の前で大声で声をかけられること
- 他人から嫌がらせや脅迫を受けること
- 困惑したり恥ずかしいと思ったりすること

　　　　　　　　　　　　　　　　　　　　　　　　　　　　　など

　その他にも加害者と同じような容姿や性別というように，リマインダーとなるのは直接体験したことと似た状況が多い。加えて，出来事を体験していたときに生じていた気持ちと同じ気持ちを感じることも，リマインダーとな

ることがあるため注意が必要である。このような，リマインダーの知識が頭の片隅にでもあると，目の前で生じている子どもの行動を今までとは異なる視点でとらえ，対応を考えやすくなるであろう。たとえば，緊急車両を目撃することがリマインダーとなり，自分が遭遇した事件を想起して混乱することがわかっているなら，校内訓練などの際には事前に子どもと対処法を話し合うことや，当日は教職員が見守るなどの体制作りも可能となる。そのためTSS では，校内委員会等を開催し，子どもに関する情報共有を定期的に行うことが必須である。またそれが，学級担任が孤軍奮闘して疲弊しない対策にもなるであろう。

事例2-1　つづき③

　ニシムラ教諭は，直接カズオさんに大きな声で指導したときだけでなく，近くの座席にいるセイジさんが居眠りをしているときに「何をやっているんだ！！　起きないか！」と叱ったときにも，カズオさんが机を叩いて出て行った様子を思い出した。反抗をして不機嫌になっているのではないかと思っていたが，自分が叱られたときだけでなく，他の子どもが叱られている様子も，自身の出来事を思い出す引き金となることが確認できた。ニシムラ教諭は，カズオさんの「情緒的安全」も確保するため，学年主任，養護教諭と連携をとってリマインダーを特定するとともに，第3層支援の必要性も含めてスクールカウンセラーと相談をすることにした。

3．行動目標の明確化

　これまでのとおり，トラウマを抱えた子どもの中には注意，記憶に問題がある子どもや，家庭内の教育方針やルールが一貫しないために社会性が身についていない子どもが少なくない。そこで，学校が期待する行動を明確に示すことは，子どもがその場にふさわしい行動を選択するための指針となる。PBS では子どもに社会的な行動をうながすために，具体的な行動が書かれ

表2-3　行動マトリックス（中学校での例）（松本ら，2018をもとに作成）

	教室で	廊下で	グラウンドで	図書室で	体育館で	トイレで
自分を尊重する	●課題に集中します ●注意深く聞きます ●よい姿勢をします ●落ち着いて行動します	●静かに歩きます	●楽しみます ●規則を守ります	●静かにします ●勉強します ●本を読みます	●静かに座って待ちます	●手をよく洗い，乾かします
友達を大切にする	●適切な言葉遣いをします ●適切な声の大きさで話します ●友達に親切にします ●助け合います ●他人の意見や権利を尊重します	●パーソナルスペースを意識します ●あいさつをします ●会釈をします	●安全に遊びます ●時間や用具を共有します	●会話はささやき声でします	●先生の指示をよく聞き，周りをよく見ます ●友達に拍手します	●清潔に使います ●プライバシーを尊重します
物・時間を大事にする	●使った物は片付けます ●公共物を大切にします ●時間を意識します ●素早く行動します ●ゴミはゴミ箱へ捨てます	●掲示物を大切にします	●用具は大切に使います ●後片付けをきちんとします ●ぬかるんだところは避けて歩きます	●帰る時には椅子を元に戻します ●本は丁寧に扱います	●ボールやネットなど適切に扱います	●備品を丁寧に使います ●汚れたら掃除をします ●節約をします

た行動のマトリックス図を作成することが多い（表2-3）。

　この図では学校が大切にしたい価値を縦軸に，学校場面を横軸にとり，その場面で望まれる具体的な行動を記入するようになっている。子どもが行動をしやすいように，抽象的な表現やネガティブな言葉は避け，具体的かつポジティブで簡潔な言葉を選ぶ必要がある。たとえば「行儀良くしよう」と言っても，どのような行動が行儀の良いものなのかがわかりにくいため，「廊下を静かに歩く」，「授業中は先生の方に身体を向ける」などと，具体化する方が好ましい。この表を子どもの目に入るような場所に掲示し，子どもがどのような行動をしたらよいのかを確認しやすいようにしておく。また，該当する行動をしたときには，教師や友人からの褒め言葉などを本人にフィードバックするといった，その行動の出現率をさらに高めるようなアプローチを行う。ターゲット行動を決めて，クラス単位でその行動が出現した頻度のデータを収集し，図やグラフにして子どもたちにフィードバックすると，モチベーションも上がりやすくなる。行動マトリックスの作成方法は石黒ら（2015）に詳しいので参照されたい。行動マトリックスを作成することで，子ども自身の行動目標が明確になるだけでなく，教師によって指導基準

が異なるという事態や，場当たり的な対応が生じにくくなり，一貫した取り組みが行いやすくなる。

　このような取り組みは，本章第3節2の項のとおり，見通しの立たなさがリマインダーとなって混乱を生じている子どもにも有効であろう。また，とるべき行動がわからなくなることでパニックが起き，結果的に学校への苦手意識が高まってしまうといったことも防止することができる。学校での一日の過ごし方が理解しやすいように，たとえば一日のスケジュールは口頭で説明するだけではなく，黒板にも書くなど，聴覚情報や視覚情報など多面的に情報を提示することも有効である。

　上述のような情報の提示方法は，応用行動分析における ABC 分析に基づいている。A（先行事象：Antecedent）はある行動が生じる前のきっかけとなる刺激であり，B（行動：Behavior）はその刺激により生じる行動，C（結果：Consequence）は行動が生じた後の結果を意味する。ポジティブな行動を引き出すために先行事象（A）や結果（C）を観察し，行動（B）の生起に向けて工夫することが必要である。行動マトリックスの掲示やスケジュールの板書は，行動が起こりやすくするための先行事象（A）の工夫である。また，ポジティブな行動が繰り返し起こりやすくなるように，行動が生じた後に子どもにとってメリットとなる結果を周囲から提示するとよい。メリットとなる結果には，周囲からの注目や褒め言葉などがあげられる。とりあえずご褒美を与えればよいと誤解されることがあるが，たとえば，チョコレートが好物な子どもに宿題をしたらチョコレートをあげるからと言っても，直前にチョコレートをたくさん食べていたら効果は認められにくい。PBS ではご褒美をあげるのが目的ではなく，ポジティブな行動を増やすことが目的であることを忘れてはならない。

4．社会性と感情の育み

　対人関係をスムーズに進めていくためには，言葉のやり取りのスキルだけではなく，感情のコントロール，自分自身の性向の理解，ストレス場面の対処法などさまざまなスキルの獲得が求められる。このようなスキルは保護者などの重要な他者との親密なかかわりを通して身につけていくものである

が，家庭的な問題を抱えている場合などではスキルが育まれていないことがある。これらのスキルに注目し学校現場で育んでいくためのアプローチとして，社会性と情動の学習（Social and Emotional Learning：SEL）がある。SEL は自己のとらえ方と他者とのかかわり方を基礎とした，社会性（対人関係）に関するスキル，態度，価値観を育てる学習と定義され（小泉，2011），この中にはソーシャルスキルトレーニング，アンガーマネジメントなどさまざまなプログラムが含まれている。

　これらのプログラムを通して，困惑や恥ずかしさで身体が熱くなったり，プレッシャー（ストレス）を感じたり，怒りや緊張で筋肉がこわばったりといった感情や身体の感覚に気づき，感情や思考と行動との結びつきを学んでいく。また身体の感覚と感情とのつながりなどを理解し始めると，自身の感情を悲しみや，怒り，心配，喜びなどと分化して表現できるようになる。表現できるようになってはじめて，その感情をコントロールする対処方法を身につけることができるのである。つまり，PBS がどちらかといえば目に見える行動をターゲットにしているのに対して，心の内側にアプローチを図るのが SEL といえる。子どもが身につけるべき SEL の能力としては，感情の理解などが含まれる「自己への気づき」，衝動のコントロールなどが含まれる「自己のコントロール」，他者の視点の理解などが含まれる「他者への気づき」，他者とのコミュニケーションなどが含まれる「対人関係」，問題解決方法の理解などが含まれる「責任ある意志決定」があげられる（CASEL, n.d.）。

　米国マサチューセッツ州の小学校では色によって感情が分類してあるポスターの掲示，その日の気分の確認，マインドフルネスなどが行われている（中村ら，2019）。また本邦においても岡山県の総社市の「だれもが行きたくなる学校づくり」と呼ばれる不登校を減らすための試み（総社市教育委員会，2015）において，SEL が取り入れられており，成果をあげている。SEL のプログラムを導入することが困難であっても，SEL の知識をもっていると子どもの対応を考える際に有益である。たとえば，感情のコントロールが難しいためによく喧嘩をしている子どもに対して，自分自身の感情やその感情の強さを理解しているか，感情を表す言葉をもっているか，喧嘩以外の方法で怒りに対処する方法はあるかなどを子どもと一緒に検討することができ

るであろう。また教科教育においても，たとえば，国語の物語に登場する主人公の葛藤などの心の状態，そこから成果を出すに至ったプロセスを強調することなどでも，SEL につなげることができる。

事例2-1 つづき④

　教職員の協力で不必要にリマインダーに曝されることがなくなってきたカズオさんは，クラスで取り組みが始まった行動マトリックスの活動にも徐々に参加するようになった。行動が正当に評価されるという体験を通して，自分のことを見守ってくれる大人の存在への気づきや，「自分はどうせ何をしても怒られる」という思いの低減が認められるようになってきた。また，これまでただ「イライラする」とだけ思っていた自身の気持ちも，「頭にくる」，「心配」，「わけがわからない」などと表現できるようになり，それぞれに対処法が異なることに気づき始めた。ニシムラ教諭のクラスでの取り組みは，カズオさん以外の子どもにも効果を発揮し，全校的な取り組みに発展しようとしている。

さいごに

　北米で実践されている TSS の概要を述べてきた。米国のマサチューセッツ州ではトラウマという言葉に抵抗を示される場合もあるため，「安全で支援的な学校（Safe and Supportive School）」といって導入することもあり，言葉の用い方には配慮しているとのことであった。TSS のような取り組みによって，トラウマを抱えた子どもだけでなく，発達的特徴などの課題を抱えている子どもにとっても安心・安全な学習環境を構築できると考えられる。こういった取り組みの基盤には，子ども一人ひとりはユニークな存在であり，一人ひとり違うのが当たり前であるというインクルーシブ教育の視点がある。TSS を実践しているマサチューセッツ州の小学校では，低学年からこの考えを徹底して子どもたちに伝えているということであった。本邦に

おいてもインクルーシブ教育の本質がより学校全体に浸透していくことで，トラウマティックな体験をした子どもがレッテルを貼られることなく理解され，適切な支援につながっていくことが望まれる。

【引用文献】

Alexander, J.（2019）. Building trauma-sensitive schools: Your guide to creating safe, supportive learning environments for all students. Baltimore, MD: Brooks Publishing.

American Psychological Association Zero Tolerance Task Force.（2008）. Are zero tolerance policies effective in the schools?: an evidentiary review and recommendations. *The American Psychologist*, 63(9), 852-862.

Bear, G. G.（2010）. School discipline and self-discipline: A practical guide to promoting prosocial student behavior. NY: Guilford Press.

Centers for Disease Control and Prevention（CDC）.（n.d.）. *The ACE Pyramid.*［https://www.cdc.gov/violenceprevention/childabuseandneglect/acestudy/ace-graphics.html］（2019年8月10日）

Cole, S. F., Eisner, A., Gregory, M., & Ristuccia, J.（2013）. Helping traumatized children learn volume 2: Safe, supportive learning environments that benefit all children. Creating and advocating for trauma-sensitive schools. Trauma and Learning Policy Initiative in partnership of Massachusetts Advocates for Children and Harvard Law School.

Collaborative for Academic, Social, and Emotional Learning（CASEL）.（n.d.）. What is SEL?.［https://casel.org/what-is-sel/］（2019年8月10日）

Felitti, V. J., Anda, R. F., Nordenberg, D., Williamson, D. F., Spitz, A. M., Edwards, V., ... & Marks, J. S.（1998）. Relationship of childhood abuse and household dysfunction to many of the leading causes of death in adults: The Adverse Childhood Experiences（ACE）Study. *American journal of preventive medicine*, 14(4), 245-258.

Fujiwara, T., Kawakami, N., & World Mental Health Japan Survey Group.（2011）. Association of childhood adversities with the first onset of mental disorders in Japan: results from the World Mental Health Japan, 2002-2004. *Journal of psychiatric research*, 45(4), 481-487.

藤原武男・水木理恵（2012）. 子ども時代の逆境体験は精神障害を引き起こすか？. 日本社会精神医学会雑誌, 21, 526-534.

石黒康夫・三田地真美（2015）. 参画型マネジメントで生徒指導が変わる「スクールワイドPBS」導入ガイド16のステップ. 図書文化社.

石井美緒（2014）. トラウマインフォームドケア（トラウマを念頭に置いて臨むケア）. 精神看護, 17(1), 92-93.

川野雅資（2017）. トラウマインフォームドケアとは何か？. 精神科看護, 44(2), 4-19.

小泉令三（2011）. 社会性と情動の学習（SEL-8S）の導入と実践（子どもの人間関係能力を育てる SEL-8S 1）. ミネルヴァ書房.

松本一郎・三宅理抄子（2018）. やってみよう！PBIS実践集――ポジティブな行

動が増え，問題行動が激減！　栗原慎二（編著）．PBIS 実践マニュアル＆実践集．ほんの森出版．

中村有吾・瀧野揚三・岩切昌宏（2019）．米国マサチューセッツ州におけるトラウマセンシティブスクールの実際．学校危機とメンタルケア，11，1-14.

National Center on Safe Supportive Learning Environments（NCSSLE）．(n.d.). *Trauma-Sensitive Schools Training Package: Building Trauma-Sensitive Schools Handout Packet*. [PDF file]. 〔https://safesupportivelearning.ed.gov/sites/default/files/Building%20TSS%20Handout%20Packet_ALL.pdf〕（2019年 8 月10日）

National Child Traumatic Stress Network, Schools Committee. (2017). *Creating, supporting, and sustaining trauma-informed schools: A system framework*. Los Angeles, CA, and Durham, NC: National Center for Child Traumatic Stress.

National Scientific Council on the Developing Child. (2005/2014). *Excessive Stress Disrupts the Architecture of the Developing Brain: Working Paper 3. Updated Edition.* 〔https://developingchild.harvard.edu/wp-content/uploads/2005/05/Stress_Disrupts_Architecture_Developing_Brain-1.pdf〕（2019年 8 月10日）

Perfect, M. M., Turley, M. R., Carlson, J. S., Yohanna, J., & Saint Gilles, M. P. (2016). School-related outcomes of traumatic event exposure and traumatic stress symptoms in students: A systematic review of research from 1990 to 2015. *School Mental Health*, 8 (1), 7-43.

Rossen, E. (2012). Supporting and Educating Traumatized Students: A Guide For School-Based Professionals. NY: Oxford University Press.

総社市教育委員会（2015）．だれもが行きたくなる学校づくり入門 [PDF file]．〔http://www.city.soja.okayama.jp/data/open/cnt/3/5381/1/dareyuki_nyumonhen_2015_gashitsu_up.pdf〕（2019年 8 月10日）

Substance Abuse and Mental Health Services administration (2014). *SAMHSA's Concept of Trauma and Guidance for a Trauma-Informed Approach*. Rockville, MD: HHS Publication.

Wisconsin Department of Public Instruction (n.d.). *Trauma-Sensitive Schools Online Professional Development*. 〔https://dpi.wi.gov/sspw/mental-health/ trauma/modules〕（2019年 8 月10日）

第3章
不登校のトラウマ

【土岐祥子】

第1節　不登校とトラウマ

　不登校が，学校の抱える問題として注目されてから久しいが，不登校児童
生徒の数は，一向に減ることはない。文部科学省の調査（2018）によると，
平成29年度では，中学校で108,999人，小学校で35,032人となっており，割合
では，中学校では35人に1人，小学校では185人に1人となっている（調査
結果をまとめたものが図3-1，政府統計の総合窓口 e-Stat, 2019）。本調査
による不登校の定義は，「何らかの心理的，情緒的，身体的あるいは社会的
要因・背景により，登校しないあるいはしたくとも出来ない状況にあるため

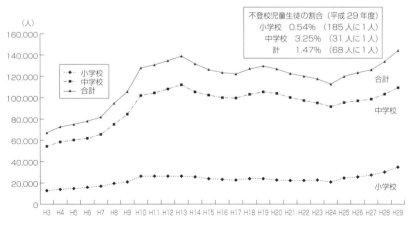

図3-1　不登校児童生徒数の推移（政府統計の総合窓口 e-Stat, 2019）

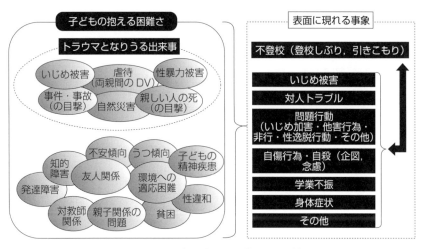

図3-2　子どもの抱える困難さと不登校

に連続してまたは断続して年間30日以上欠席した者のうち，病気や経済的な理由によるものを除いたもの」となっており，30日に満たないものや，登校しぶりを加えると，その数はさらに増えるものと推察される。

　不登校とは，子どもが抱えるさまざまな困難さがその背景となって，表面に現れてくる事象であると考えられる。子どもの抱える困難さには，本書で取り上げる，いじめ被害・虐待・性暴力被害・事件や事故・自然災害といった「トラウマとなりうる出来事」をはじめ，友人関係や親子関係の問題，知的障害や発達障害，精神疾患，不安やうつの傾向，貧困など，多岐にわたる。これらの困難さが，多くの場合，複雑に絡み合い，蓄積されていき，不登校，いじめ被害，いじめ加害などの問題行動，自傷行為，学業不振，身体症状などとして表面に現れてくる。そのなかでも，不登校という事象は，子どものさまざまな行動面での事象が相互に関係しているものとしてとらえることができよう（図3-2）。

　では，不登校の背景に「トラウマとなりうる出来事」があるケースというのは，どれぐらいあるのであろうか。文部科学省の調査（2018）では，不登校の要因として，「本人に係る要因」と「学校，家庭に係る要因」に分けて開示している（調査結果をまとめたものが表3-1，政府統計の総合窓口

表3-1 不登校の要因 （国公私立小中学校） （政府統計の総合窓口 e-Stat, 2019）

学校、家庭に係る要因（区分）／本人に係る要因（分類）	分類別児童生徒数	学校に係る状況 いじめ	いじめを除く友人関係をめぐる問題	教職員との関係をめぐる問題	学業の不振	進路に係る不安	クラブ活動・部活動等への不適応	学校のきまり等をめぐる問題	入学・転編入学・進級時の不適応	家庭に係る状況	左記に該当なし
「学校における人間関係」に課題を抱えている。	23,752	548	16,562	1,796	2,434	550	979	407	1,354	3,871	760
	—	2.3%	69.7%	7.6%	10.2%	2.3%	4.1%	1.7%	5.7%	16.3%	3.2%
	16.5%	75.8%	44.3%	46.8%	8.5%	9.7%	32.1%	9.1%	15.1%	7.4%	3.3%
「あそび・非行」の傾向がある。	5,665	3	572	155	1,458	200	67	1,708	157	2,514	603
	—	0.1%	10.1%	2.7%	25.7%	3.5%	1.2%	30.2%	2.8%	44.4%	10.6%
	3.9%	0.4%	1.5%	4.0%	5.1%	3.5%	2.2%	38.0%	1.7%	4.8%	2.6%
「無気力」の傾向がある。	43,018	21	4,914	505	12,437	1,606	708	1,162	2,123	19,342	6,793
	—	0.0%	11.4%	1.2%	28.9%	3.7%	1.6%	2.7%	4.9%	45.0%	15.8%
	29.9%	2.9%	13.1%	13.2%	43.4%	28.4%	23.2%	25.9%	23.6%	36.8%	29.5%
「不安」の傾向がある。	47,887	131	13,526	1,089	10,197	2,837	1,073	838	4,259	14,950	7,751
	—	0.3%	28.2%	2.3%	21.3%	5.9%	2.2%	1.7%	8.9%	31.2%	16.2%
	33.2%	18.1%	36.2%	28.4%	35.6%	50.1%	35.1%	18.7%	47.4%	28.5%	33.7%
「その他」	23,709	20	1,806	292	2,130	468	227	376	1,098	11,839	7,103
	—	0.1%	7.6%	1.2%	9.0%	2.0%	1.0%	1.6%	4.6%	49.9%	30.0%
	16.5%	2.8%	4.8%	7.6%	7.4%	8.3%	7.4%	8.4%	12.2%	22.5%	30.9%
計	144,031	723	37,380	3,837	28,656	5,661	3,054	4,491	8,991	52,516	23,010
	100.0%	0.5%	26.0%	2.7%	19.9%	3.9%	2.1%	3.1%	6.2%	36.5%	16.0%

（注1）「本人に係る要因（分類）」については、「長期欠席者の状況」で「不登校」と回答した児童生徒全員につき、主たる要因一つを選択。
（注2）「学校、家庭に係る要因（区分）」については、複数回答可。「本人に係る要因」で回答した「分類」で回答した要因の理由として考えられるものを「学校に係る状況」「家庭に係る状況」より全て選択。
（注3）「家庭に係る状況」とは、家庭の生活環境の急激な変化、親子関係をめぐる問題、家庭内の不和等が該当する。
（注4）中段は、各区分における分類別児童生徒数に対する割合。下段は、各区分における「本人に係る要因（区分）」の「計」に対する割合。

e-Stat, 2019)。この調査結果からわかることは，「トラウマとなりうる出来事」のうち，いじめ被害についてである（144,031人の不登校児童生徒のうち，723人〈0.5％〉の背景にいじめがあった）。しかし，虐待や性暴力被害など，いじめ以外の「トラウマとなりうる出来事」が不登校の背景にあるのかは，判然としない。さらに，不登校になっている児童生徒が，不登校の理由を明確に語れないケースも少なくないため，その背景にどのような困難さを抱えているかを推察することが，より一層難しくなっているといえよう。

　登校不能状態を主訴として児童精神科を受診した子ども（20歳以下）146名を対象とした長尾（2016）の調査によると，PTSD 診断がついたものが33名，診断はつかないが PTSD 症状のあるものが39名，合計で72名と報告されており，登校不能状態を主訴として受診した子どもの実に49％がなんらかの「トラウマとなりうる出来事」を抱えていたことになる。

　児童精神科を受診した子ども（20歳以下）で，虐待（ドメスティック・バイオレンス〈DV〉の目撃も含む）被害が背景にあった223名を対象とした土岐と藤森（2017）の調査によると，56名（25％）が不登校を主訴としており，また，そのうちの全員がうつ，不安，PTSD などの，何らかの精神疾患の症状を呈していた。しかしながら，虐待そのものを主訴として受診したものは，28人（13％）のみであった。

　小児科こころの外来で PTSD 診断を受けた子ども30名を対象とした脇口（2010）の調査によると，19名がいじめが原因で，その全員が不登校を経験し，6名が DV 目撃などの虐待が原因で，そのうち4名が不登校を経験していたと報告されている。

　これらの調査結果が示唆することは，不登校の背景に「トラウマとなりうる出来事」がある子どもが相当程度存在するであろうこと，さらに，「トラウマとなりうる出来事」そのものを主訴として受診する子どもは多くないということである。よって，不登校という表面に現れる事象の背景に「トラウマとなりうる出来事」があるのではないかということに思いをはせる必要があると思われる。

　以下では，「トラウマとなりうる出来事」のうち，いじめ，虐待，性暴力被害が不登校の背景にあるケースを，事例を交えてみていきたい。

第2節　いじめで不登校になる

「トラウマとなりうる出来事」のうち，いじめは，不登校との関係が，制度的にも認識されている。2013年に公布・施行されたいじめ防止対策推進法では，第28条第1項第2号で，学校の責務として，いじめにより在籍する児童生徒が相当の期間学校を欠席することを余儀なくされている疑いがあると認められるときは，「重大事態」として認識し，事実関係を明確にするための調査を行うことを求めている。相当の期間の欠席とは，先の文部科学省の定義と同様に30日程度と解されている。このようにいじめが原因で不登校となった「重大事態」は，2017年度では，332件となっており，法制度発足時（2013年）の122件に対し約3倍となっている（図3-3）。

　文部科学省が公表しているいじめの認知率（文部科学省，2018）は，子ども全体に対して，小学校で5％，中学校で2.4％，高等学校で0.4％となっており，これらは学校が認知しているいじめ件数である。しかし，子ども自身に聞いたいじめ被害率の調査結果（文部科学省国立教育政策研究所，2016）とはかい離がある。1,000人以上の子ども自身への調査結果によると，「仲間外れ・無視・陰口」によるいじめ被害率（図3-4の「週1回以上」「月2～

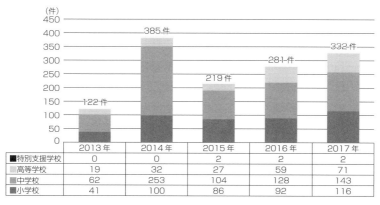

図3-3　いじめの重大事態　第2号（件数）推移

（文部科学省，2018 より作成）

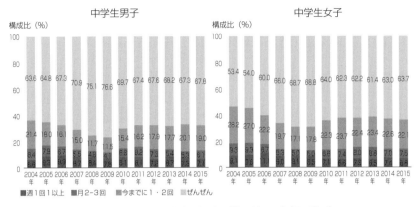

中学生男子　　　　　　　　　　　　　中学生女子

構成比（%）　　　　　　　　　　　　構成比（%）

図3-4　いじめ被害率　推移　（仲間外れ・無視・陰口）
（文部科学省　国立教育政策研究所，2016 より作成，各年とも11月の数値）

■週1回1以上　■月2-3回　■今までに1・2回　■ぜんぜん

3回」「今までに1～2回」の合計）は，2004～2015年の間で，中学生男子
で23～36％，中学生女子で31～47％と高いものとなっている（図3-4）。

　これらを考慮すると，いじめによって不登校になっている子どもの数は，
過小評価されている可能性が否定できない。

　次に，いじめで不登校となった事例を見ていきたい。本稿で取り上げる事
例は，すべてその匿名性に配慮し，いくつかのケースを組み合わせ，適宜修
正を加えたものである。

事例3-1　事例A

　小学6年生男児A君。小学5年生の秋ごろから，クラスメート数人
から執拗にからかわれる，仲間外れにされるなどのいじめを受けた。そ
の後，登校時になると，「お腹が痛い，頭が痛い，学校に行きたくな
い」と訴えるようになった。母親の強い勧めもあってなんとか登校して
いたが，冬休み前になって，ようやく本人から母親に，いじめられてい
たことが語られた。母親は担任教師に状況を説明した。担任教師は，す
ぐにいじめたといわれている児童たちに話を聞き，いじめの事実を確認
し，その児童たちに個別にA君に謝罪する機会を設けた，A君も謝罪

を受け入れた。その後は，A君の登校しぶりもおさまり，いじめ問題は解決したと思われた。

　6年生になり，クラスも担任も替わって新学年となった。学校の配慮もあり，いじめた児童とは別のクラスになった。当初は問題なく登校していたが，4月中旬ごろになり，A君は学校に行けなくなった。母親が登校をうながしても「学校がイヤ，学校には行きたくない」と語るのみだった。学校の何がイヤなのかがわからず，担任も保護者も対応に苦慮していた。唯一，熱心な担任教師の働きかけにより，母親同伴なら，別室登校してもよいということになった。しかし，他の児童と会うことを極端に嫌がるため，他の児童たちと顔を合わせないように，登下校のルートや時間を配慮して，母親がずっと付き添うという形の別室登校が5月の連休明けから始まった。

　そんなA君に5年生時のいじめの影響が続いているということがわかったのは，6月中旬ごろ，A君が母親に「いじめた児童が近くにくると，胸がドキドキしてすごく怖い。また，悪口を言われている気がする」と語ったことがきっかけだった。

　この事例のように，不登校の子どもが，不登校の理由を明確に語れないケースは多い。A君の場合は，いじめは5年生時の謝罪をもって解決したと思われていたため，A君自身も，その後に，自分の身に起きている「胸がドキドキする」「怖い」「悪口を言われている気がする」という症状に戸惑っており，そのことを周囲に語ることがためらわれたのではないかと思われる。そのような状況で，5年生時は登校を続けていたものの，その無理がたたって6年生になって不登校になったと推察される。

　いじめについては，いじめた子どもが謝罪することで解決したと思われがちであるが，いじめという「トラウマとなる出来事」による心身への影響（トラウマ反応）は，その後も継続するケースもあり，それがその後の不登校の背景にあるかもしれないという視点を，支援者は忘れてはいけない。

第3節　虐待で不登校になる

　「トラウマとなりうる出来事」のうち虐待と不登校の関係については，どうだろうか。

　2019年1月に起きた野田市の児童虐待死亡事件では，被害にあった女児は，何度かの長期欠席を繰り返していた。亡くなる前も数週間の長期欠席状態であり，本人の安全確認が取れない状況であった（2019年3月28日　日本経済新聞）。本事件を受けて，文部科学省等は，学校・教育委員会等に長期欠席している児童生徒等（2019年2月1日から2週間一度も登校していない児童生徒等）の安全確認について緊急点検をするように要請した。その結果，教職員らが面会できた16万7千人のうち，2,656人の児童生徒について，虐待のおそれがあるとして，市町村，児童相談所又は警察に情報提供が行われた。また，教職員らが面会できなかった2万人のうち，9,889人の児童生徒についても，虐待の可能性が否定できないとして，市町村，児童相談所又は警察に情報提供が行われた（内閣府・文部科学省・厚生労働省，2019）。実に，長期欠席している子どもの6.7％に虐待のおそれがあり，「学校等の長期間にわたる欠席が虐待のリスク情報として重要であることが改めて明らかになった」と，緊急点検結果の報告には記されており（内閣府・文部科学省・厚生労働省，2019），虐待と不登校の関係が改めて認識された。

　市区町村が対応した2,870のネグレクト事例を対象とした調査（安部，2015）では，全学齢児（6〜17歳）1,438事例のうち，503件（35％）が不登校であったと報告している。また，家で食事がない，子どもの不潔，子どもへの暴言・暴力など，子どもに直接被害が見られる項目は，不登校に抑制的（不登校になりづらい）が，家の不潔，保護者の引きこもり・孤立，保護者の病気・障害，経済困窮などの家庭状況は，不登校に促進的（不登校になりやすい）と報告している（安部，2015）。

　不登校の背景に虐待があるケースは，前述の野田市の事件のように虐待の発覚（特に外見的に異変が明らかな身体的虐待）を恐れた親が子どもを登校させない場合，身体的虐待やネグレクトにより子ども自身が衰弱している，

あるいは，ネグレクト状態のなかで家事や下の子の世話をせざるを得ない状況で，登校できない場合などがある。これらは，いずれも，不登校の背景に現在進行形で虐待が行われているケースで，子どもの命が危険に曝されている可能性が高いものである。なくならない虐待死事件を受け，関係機関は，虐待を早期発見するためのポイントや通告義務等を広く啓蒙するなどの対応をしているところである（厚生労働省雇用均等・児童家庭局総務課，2013；埼玉県・埼玉県教育委員会，2018；横浜市，2018等）（ただし，安部〈2015〉にもあるように，子ども自身に直接被害が見られる状況等では，逆に不登校にはならず，学校が居場所になっているケースも多いと思われるため，登校しているからといって，安心できるわけではない）。

　これらの現在進行形の虐待が不登校の背景にあるケースは，まずは，「トラウマとなりうる出来事」である虐待自体を終わらせ，子どもが安心・安全な生活を取り戻せるような環境調整が必要となる。

　ここで一つ事例を見ていこう。

事例3-2　事例 B

　小学校4年生女児 B さん。小学校3年生の冬に他県から転校してきた。家族は両親と小学校1年生の弟の4人。転校当初から登校しぶりがあり，母親が学校まで送りに来ていた。学校に来るときはいつもマスクをしており，母親から離れるときには，不安そうな表情で，担任教師が声かけをしながら教室に行く状態だった。担任教師は，転居・転校に伴って，新しい環境に慣れるのに時間がかかっているのかと推察していた。前の在籍校からは，父親が病気になったため，実家のある当県に転居するということ以外は，特段の申し送りもなかった。

　4年生になって体調不良を理由に欠席が増え，4年生の夏休み明けからはまったく登校しなくなった。3年時から引き続き B さんを受け持っている担任教師は，たびたび家庭訪問をして，B さんと母親に会いに行っていたが，いつも玄関先で少し立ち話をする程度で，家の中に招かれることは一度もなかった。その際も，B さんは母親の陰に隠れるよう

に母親の服をつかみながら，不安そうな表情であった。ある日，家庭訪問時の母親の様子がひどく疲れているように思えた担任教師は，「何かお困りのことがありますか？」と母親に尋ねたところ，母親はポツリポツリと，夫（Bさんの父親）からの暴力を語り始めた。母親によると，夫は病気休職中で家にいる。休職の前後から母親への暴言や暴力が始まった。病気で休職を余儀なくされたのでストレスがたまっているのだと思い，我慢してきたが，だんだん暴力がエスカレートしてきて，どうしていいかわからない。ただ，暴力の対象は母親だけで，Bさんや弟に手をあげたりすることはない。Bさんは，「私が学校に行っている間に，お母さんが死んじゃうかもしれないから，学校には行きたくない」と言っている。

　この事例のように，子どもを守るべき母親自身が暴力の被害者である場合は，まずは，母親自身への被害を終わらせることが必要となってくるが，簡単に母親が，「じゃあ，夫と別れます」といかないケースが多い。内閣府男女共同参画局（2018）の調査では，配偶者から暴力を受けた女性被害者の71％，男性被害者の68％が加害者と別れていない。また，別れなかった理由のうち最も多かったのは，「子どもがいるから，子どものことを考えたから」で，女性被害者の67％，男性被害者の60％が，子どものために別れない選択をしている。さらに，子どもが原因で別れなかった理由としては，「子どもをひとり親にしたくなかったから」「子どもにこれ以上余計な不安や心配をさせたくないから」「養育しながら生活していく自信がなかったから」となっている。したがって，学校は，児童相談所のみならず女性センターなどの関係機関と密接に連携し，被害親が抱える心理的・経済的不安に丁寧に対応しながら，子どもが安心・安全な生活を取り戻すことができるようにしなくてはならない。
　不登校の背景に虐待があるケースは，これらのように現在進行形で虐待が行われている場合だけではない。虐待そのものは終結しているが，虐待の後遺症ともいうべきトラウマ反応により，学校に行けないケースもある。事例

を見ていこう。

事例3-3　事例C

　中学校1年生男子生徒C君。父親から母親への暴力があり，両親は
C君が小学校5年生時に離婚し，現在は母親，小学校3年生の弟と3人
暮らし。父親と同居中には，母親への暴力を止めようとしたC君に父
親が暴力を振るうこともあった。小学校時のC君は落ち着きがなく，
ちょっとしたことでかんしゃくを起こすこともあったが，毎日登校して
いた。

　中学生になって，C君は時々教室を抜け出すようになり，頭が痛いと
言っては保健室に来るようになった。心配した養護教諭が話を聞くと，
「担任のD先生（男性）が怖い」という。D先生は生徒からも慕われて
いるとても評判の良い先生で，今まで生徒に不適切な対応をしたことも
なかった。養護教諭がその話をD先生にしたところ，特に，C君に対
して厳しく叱ったこともないし，そもそも入学から日も浅いため，そん
なに個別にかかわったこともないとのことであった。そのうちに，C君
は学校に来なくなった。

　C君が不登校になってほどなくして，ようやく仕事で忙しい母親が来
校し，養護教諭やD先生と話をする機会がもてた。母親によると，D
先生は，身体が大きいことや声が大きいところが，父親とよく似ている
という。C君は，D先生が他の生徒を大きな声で叱っているのが怖いと
言っていたとのことであった。

　このように，「トラウマとなる出来事」である虐待が終わり，安心・安全
の日常を取り戻したあとに，トラウマ反応が現れるケースも多い。出来事を
思い出させる何かのきっかけ（リマインダー）がある場合もあるし，ない場
合もある。C君の場合は，虐待者である父親に似た男性教師が他の生徒を大
きな声で叱っている場面がリマインダーとなって，不安や緊張が高まった

り，あるいは，出来事の様子がフラッシュバックしていた可能性もある。周囲の教師は，C君に被虐待歴があることは知ってはいたが，離婚後何年もしてからこのような反応が出ることには，あまり敏感ではなかった。このようなケースでは，まずは，不登校の背景に過去のトラウマとなる出来事がある可能性があるということを周囲の大人が理解することが必要となろう。

第4節　性暴力被害で不登校になる

「トラウマとなりうる出来事」のうち，性暴力被害は，最も発見することが難しいものであるといえよう。「トラウマとなりうる出来事」の影響で子どもが不登校になった場合，その背景の「トラウマとなりうる出来事」に周囲がどれだけ早く気づけるかが支援のカギとなる。しかし，性暴力被害の場合は，被害に遭った子ども自身がその被害について自覚的でないケース，自覚的であっても自分を責めたり恥ずかしいと思って言い出せないケース，周囲の大人に話しても取り合ってもらえずに口を閉ざしてしまうケースなどがあり，なかなか周囲が気づけず，適切な支援が受けられなくなってしまう。その結果，不登校が長期にわたってしまったり，大人になってから就業不能や引きこもりになってしまったりするケースも多い。

　事例をみていこう。

事例3-4　事例E

　中学3年生女子生徒Eさん。両親とEさんの3人家族。両親ともに高学歴で教育熱心であったが，両親ともに仕事が忙しく一人でいる時間が多かった。また，両親の夫婦仲も良くなく，居心地が良い家庭ではなかった。内向的な性格で，あまり友人もおらず，唯一，他県に住む母方祖母宅に遊びに行くことがEさんの楽しみであった。両親の意向で，中学受験を目指し，早くから塾に通っていた。その塾で，Eさんのことを親身になって指導していた男性講師から，小学校5〜6年生の2年間，断続的に性暴力被害を受けていた。Eさんは，被害について違和感

があったものの，優しく接してくれる男性講師に，「キミは特別だよ。二人だけの秘密だよ」と言われ続け，周囲に助けを求めることができなかった。一度だけ母親に，塾を辞めたいと言ったことがあったが，取り合ってもらえなかった。

　中学受験に合格し，塾を辞めることで被害は終結し，Ｅさんも被害については考えないようにして中学校生活を送っていた。中学２年生の冬に，病気入院中の母方祖母が病死したあとから，頭痛・腹痛等の身体症状が出始めた。学校も休みがちになり，中学３年生の春には不登校になり，家に引きこもる生活を送るようになった。祖母が亡くなったことを引きずっているのかと思った両親は，「いつまでもくよくよしたって駄目でしょう」と，最初は無理にでも学校に行かせようとしていたが，Ｅさんが頑として拒否するために，対応に苦慮していた。両親からの要請もあり，担任教師とスクールカウンセラーが定期的に家庭訪問していくうちに，最初は会うことを拒んでいたＥさんも少しずつ話をするようになっていった。中学３年の夏休み明けの家庭訪問時に，Ｅさんの腕に自傷行為の痕らしきものを見た担任教師が，Ｅさんに「何か話したいことがあったらいつでも聞くよ」と声をかけたところ，「つらい」「消えてしまいたい」「私なんて生きていても仕方がない」と話し始めた。

　事態を重くみた担任教師らは，Ｅさんの了解を得て，両親とすぐに話をし，その後Ｅさんは医療機関につながった。そこで初めてＥさんは，医師に過去の性暴力被害について語ることができ，トラウマの治療を受けることになった。

　この事例では，Ｅさんの性暴力被害については，学校関係者はもとより，両親も気づかないまま数年が経過し，祖母の喪失体験という新たなストレスが負荷されたことで，身体症状，不登校，自傷行為という事象が現れたものである。不登校の背景に何があるのかわからないまま，それでも，担任教師らが辛抱強く少しずつＥさんと関係を築いていくなかで，Ｅさんの自傷行為に気づき，そこから支援につながった例である。性暴力被害はなかなか本

人からは語られない「トラウマとなりうる出来事」であるが，不登校の背景
にある本人の苦しみを理解しようとする，周囲の大人の継続的な働きかけが
大切だと教えてくれる事例である。

第5節　トラウマインフォームドケア

　ここまで，不登校の背景にいじめ，虐待，性暴力被害のあるケースについ
て事例を通してみてきた。ここでの事例は，いずれも，最初は不登校の背景
に何があるのかがわからないケースを取り上げた。なぜなら，不登校の背景
に「トラウマとなる出来事」がある場合，そして，それは少なくない数があ
ると推定されるが，周囲の大人からはわかりづらく，そのために子どもが適
切な支援を受けられていないと思われるからである。

　そこで，最後に，「トラウマインフォームドケア」についてその概略を紹
介することで本稿の結びとしたい。

　「トラウマインフォームドケア」とは，「トラウマを念頭に置いたケア」で
あり，対象者にトラウマ歴があるかもしれないという前提で対応するという
ケアシステム全体のことである（野坂，2019）。アメリカの「逆境的小児期
体験」（ACEs）研究（第2章参照）で示されたように，トラウマは重大な
健康リスク要因にもかかわらず，トラウマの影響を把握しないままケアを提
供している支援現場は少なくない（野坂，2019）。そこで，「トラウマを念頭
に置いたケア」では，実践の前提として，トラウマの広範囲に及ぼす影響や
回復への道のりを「理解」し（Realize），トラウマの兆候や症状を「認識」
し（Recognize），トラウマに関する知識を統合して「対応」し（Respond），
「トラウマの再体験を防ぐ」手立てを講じる（Resist re-traumatization）と
いう四つの "R" を挙げている（SAMHSA, 2014）。

　子どもにとって，その多くの時間を過ごす学校教育現場は，この「トラウ
マを念頭に置いたケア」を実践すべき最たるものであるといえる。学校教育
現場に携わる大人は，教師のみならず，事務職員，技術職員，専門職員，ボ
ランティアなどすべてのスタッフが，トラウマが子どもに与える広汎な影響
やトラウマへの反応・症状，その対応，早期発見の重要性などについて理解

することが必要である。そして，不登校の背景にはなんらかのトラウマ体験があるかもしれないという視点を忘れずに，また，大人の何気ない言動がトラウマのリマインダーになりうることを理解し，常に，自らの言動にも注意を払うことで，再体験のリスクを防ぐことができるのである。

【引用文献】

安部計彦（2015）．子どものネグレクトと不登校の関係．学校ソーシャルワーク研究，10，15-23.

厚生労働省雇用均等・児童家庭局総務課（2013）．子ども虐待対応の手引（平成25年8月　改訂版）.

文部科学省（2018）．平成29年度　児童生徒の問題行動・不登校等の生徒指導上の諸課題に関する調査結果.

文部科学省国立教育政策研究所（2016）．いじめ追跡調査2013-2015　いじめQ&A.

長尾圭造（2016）．子どものうつ病――その診断・治療・予防．明石書店.

内閣府男女共同参画局（2018）．男女間における暴力に関する調査報告書.

内閣府・文部科学省・厚生労働省（2019）．虐待が疑われるケースに係る学校・教育委員会等における緊急点検結果【概要】.
　［http://www.mext.go.jp/a_menu/shotou/seitoshidou/1414995.htm］（2019年8月4日）

日本経済新聞（2019）．児童虐待の恐れ，2656人　文科省調査.
　［https://www.nikkei.com/article/DGXMZO43036800Y9A320C1CC1000/］（2020年1月27日）

野坂祐子（2019）．トラウマインフォームドケア――公衆衛生の観点から安全を高めるアプローチ．トラウマティック・ストレス17(1)，80-89.

埼玉県・埼玉県教育委員会（2018）．教職員・保育従事者のための児童虐待対応マニュアル.

政府統計の総合窓口e-Stat（2019）．児童生徒の問題行動・不登校等生徒指導上の諸課題に関する調査．［https://www.e-stat.go.jp/stat-search/files?page=1&layout=datalist&toukei=00400304&tstat=000001112655&cycle=0&tclass1=000001133968&tclass2=000001133969&tclass3=000001133973&result_page=1］（2020年6月18日）

Substance Abuse and Mental Health Services Administration（SAMHSA）（2014）．*SAMHSA's concept of trauma and guidance for a trauma-informed approach*. HHS Publication. No.（SMA）14-4884.（大阪教育大学学校危機メンタルサポートセンター・兵庫県こころのケアセンター（訳）（2018）．SAMHSAのトラウマ概念とトラウマインフォームドアプローチのための手引き．［http://www.j-hits.org/child/index4.html］（2019年8月4日）

土岐祥子・藤森和美(2017)．DV目撃が子どもに与える影響：児童精神科クリニックにおけるカルテ調査から．武蔵野大学人間科学研究所年報，6，33-49.

脇口明子（2010）．診察――いじめによるPTSD．小児科，51，1289-1295.

横浜市（2018）．子ども虐待防止ハンドブック（平成30年度　改訂版）.

第4章
虐待のトラウマ

【浅野恭子】

　児童相談所における児童虐待相談対応件数は，児童虐待防止法施行以降，一貫して増え続けている。児童虐待防止法に規定されている虐待は，身体的虐待，心理的虐待，性的虐待，ネグレクトの4種類であり，それぞれ家庭内の養育者からの虐待と限定的であるが，子どもの成長発達に否定的影響を与える逆境的な子どもの体験は，より幅広くとらえることができる。後述する逆境的小児期体験の研究（ACE研究）に取り上げられた逆境体験とは，児童虐待防止法に示されている概念とも一定の程度かぶりながらも，家庭内外での性被害，家庭内での身体的虐待や暴言などの心理的虐待，家族の精神疾患・収監・物質乱用，母親への暴力の目撃，物理的ないし情緒的ネグレクトなどを含むものである。

　学校現場には，現在進行形で虐待的環境に曝されている子どもと，現在はそうした環境から離れ，身の「安全」を確保されている子どもがいるだろう。施設などに保護されて身の「安全」が確保されているということと，子どもが「安心」しているということは，必ずしも同じではない。というのは，子どもは，過去の虐待の影響から容易には逃れられず，「安全」なはずの環境への適応に困難を抱えるからである。つまり，安全な（無害な）刺激に，かつて虐待を受けていた際の感覚的・情動的記憶を刺激され，「危険」と誤認知してしまうということが，日常生活で頻繁に生じるのである。当然のことながら，「危険」と認知されると，生理的にも，いわゆる「闘争−逃走−凍結」反応が生じ，通常の文脈からはかなり逸脱した行動により，安全な環境への「不適応」を生じてしまう。そして，そのことは，「問題あり」ということで，教師などからの注意や叱責，あるいは同輩からであれば，拒否

や攻撃の対象となってしまい，結果的に，本人にとってなじみの「危険」な状態を生んでしまう悪循環が生じるのである。

　本章では，虐待やネグレクトが，子どもの成長・発達にどのような影響を与えるのかを共有し，学校での子どもの「不適応」行動を，虐待のトラウマの視点から理解することを試み，子どもたちの支援のあり方について考えたい（虐待の兆候の認知，通告，児童の保護といった観点からの支援については，第8章に委ねる）。

第1節　虐待のトラウマの特徴

　「トラウマ」とは，予期せぬ，存在そのものが脅かされるような，自分ではどうしようもない感じ（無力感）を味わう体験である。トラウマを理解する際には，三つの側面からとらえることが提唱されている（SAMHSA，2014）。

　一つめは，「出来事」である。トラウマティックな出来事そのものが，どのような出来事であったかということである。事故や災害のように，1回きりのこともあるが，虐待やDVは，家庭内で慢性的に繰り返されるものである。

　二つめは，「体験」である。その出来事や状況を，個人がどのように体験したのかということである。虐待は，そもそも大きな力の差のある，極端にいえば，子どもの生殺与奪を握る養育者から，一人で生きることさえ困難な，極めて脆弱な存在である子どもへのパワー・コントロールの行使であり，子どもが体験するであろう恐怖や無力感の深刻さは想像を超えたものであろう。

　三つめは，「影響」である。トラウマティックな出来事の長期にわたる不利な影響という視点である。虐待のトラウマの影響は，直後に表れる影響から，子どもの発達によって遅れて現れる影響，また短期間続く影響から生涯にわたる長期の影響，さらに本人が出来事の影響として認識するものからしないものまで，さまざまな領域に，多様な表れ方をする。子どもの発達によって，その表れ方が変化する点にも注目する必要があるだろう。そして，

支援が得られない場合，本人が自身に表れている影響と，その原因となっている体験（トラウマ）のつながりを自覚することも困難である。

　子どもは，親（養育者）の庇護のもと，外界の刺激を受けて自身の中で生じるさまざまな反応を自己調整していくことを学びながら，外界探索をしていく。しかし，虐待やネグレクトに曝される子どもは，養育者そのものから命を脅かされることが続くわけであり，本来成長発達のために使うエネルギーを，生き延びるために注ぎ続けざるを得ないのであるから，身体的，情緒的，社会的，認知的発達に著しい影響が及ぶことは想像に難くない。虐待のトラウマは，①人生早期から，②本来であれば安心・安全を保障してくれるはずの養育者から，③繰り返しないし慢性的に加えられ，子どもの成長発達に，また成人後の人生にも，深刻な影響を与えるものといえるだろう。

第2節　人生早期からの慢性的な対人トラウマの影響

　米国精神医学会による，『精神疾患の診断・統計マニュアル』（DSM-5）の基準によれば，心的外傷後ストレス障害（Post-Traumatic Stress Disorder：PTSD）とは，実際にまたは危うく死ぬ，深刻な怪我を負う，性的暴力など，精神的衝撃を受けるトラウマ（心的外傷）体験に曝されたことで生じる，特徴的なストレス症状群のことをさす（APA, 2013＝2014）。

　PTSD は，侵入症状，回避症状，認知や気分の異常，覚醒レベルと反応性の異常という四つの症状が，少なくとも1カ月以上継続し，社会生活や日常

表4-1　複雑性トラウマに曝された子どもたちが損なわれる領域

(Cook et al., 2003)

1.	アタッチメント（Attachment）
2.	生態（Biology）
3.	感情調節（Affect Regulation）
4.	解離（Dissociation）
5.	行動コントロール（Behavioral Control）
6.	認知（Cognition）
7.	自己概念（Self-Concept）

生活に支障がある場合に診断される。

　しかし，DSM に示されているような現在の精神医学の診断分類では，必ずしも虐待を受けた子どもたちが体験している困難さや，発達に与える影響の深刻さを適切にとらえているとはいえないとして，複雑性トラウマ（Complex Trauma）という概念を提唱している研究者らもいる[注]。

　本来は，保護され育まれるべき養育の場で，人生の早期から虐待やネグレクトのような，慢性的な対人トラウマに曝されてきた子どもは，その直後から，また長期にわたって，表4−1に示すように，七つの領域にわたって深刻な影響を受けることを示している（Cook et al., 2003）。

　この七つの領域への影響は，個々バラバラに存在しているのではなく，それぞれが，それぞれの領域（切り口）と関連し，相互に悪影響を深刻化させている。

1．アタッチメントへの影響

　「アタッチメント」とは，不安や恐怖の高まりを，特定の養育者に「アタッチ（くっつく）」することによって鎮静化しようとする，生得的システムである。

　人間は，非常に脆弱な状態で生まれてくるため，生存のためには，養育者によるケアが不可欠である。そのため，赤ん坊は，生体の安全が脅かされるような状況（空腹・冷えなど）になると，泣いたりぐずったりして，養育者にサインを送る。これがアタッチメント行動であり，養育者はそうした子どもの「サイン」に気づいて，適切に対処し，生存の危機により増大した子どもの恐怖や不安をなだめるよう働きかける。

　ここで重要となるのは，養育者の「感受性」である。養育者が，子どものサインに気づいて，そのニーズを的確にとらえて対応できると，子どもは，人への信頼感，ひいては世界への信頼感を高め，同時に，そうした「助け」を引き出し，危機に対処できるという自己信頼感（自己有用感）を高めるこ

注　なお，ICD-11では「複雑性PTSD」が公式診断として収載されることになった。前提として，PTSD の診断基準を満たし，そのうえで，感情制御困難，否定的自己概念，対人関係障害の3症状カテゴリーが採択されている（飛鳥井，2019）。

とができる。このように、人生の最初期に主要な養育者との間に安定したアタッチメントを構築できると、そのありようは、その子どもの対人関係の「ひな型」となり、その後の人生の対人関係にも肯定的影響を及ぼすと考えられている。

　一方で、養育者の感受性がさまざまな理由（養育者自身のPTSDやうつなどの精神疾患、アルコールや薬物の使用など）で低下し、子どものサインに気づかない、あるいは適切に満たすことができない、子どもに関心が向けられない、ということが常であったり、時と場合によって安定した対応ができないと、子どもは、安定したアタッチメントを形成できず、他者、世界、そして自分自身への信頼感を失っていく。

　虐待やネグレクトが常態化した家庭では、養育者が、子どものサインに対して無反応であったり、あるいは、子どものサインを自分に対する「拒否」、「攻撃」、「嫌悪」であると誤って認知し、子どもに攻撃的になったりする場合がある。子どもは、そうした環境下でも、なんとか生き延びるために、回避的、両価的な、あるいは、無秩序なアタッチメントを形成せざるを得なくなってしまう。そして、こうした不安定なアタッチメントもまた、その子どもの人間関係の「ひな形」となり、その後の人生で出会うさまざまな大人や仲間との関係に、否定的な影響を与えることになる。

　虐待やネグレクトに曝された子どもは、ケアが必要なときに、支援の手を

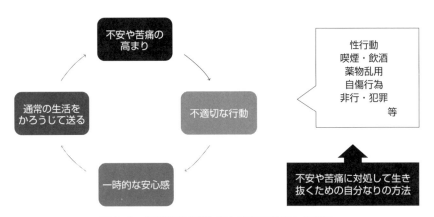

図4-1　「不適切な行動」による不安や苦痛への対処

差し伸べてくれている人に対して攻撃をしたり、わざと注意を引く危険な行動や自傷行為をしたり、過度に従順になったり、極端に抑制的になるなど、混乱した反応を示す。甘えたいのに怒りや反抗で示すなど、支援をしたいと思っている大人の方が、子どものニーズが読み取れなくなり、混乱、疲弊、無力感に陥る場合が少なくない。

　安定したアタッチメントが形成できないと、子どもは人との関係に安心感を得られないため、子どもは、人に拠らず、自分なりの対処方法によって、利那的な安心感を得ようとするようになる。図4-1のように、「不適切な行動」、「問題行動」によって、不安や怖れに対処しようとし、社会適応上の問題や健康上の問題が深刻化していくことがある。子どもの不穏な言動が生じた際には、その言動に翻弄されるのではなく、「アタッチメントが活性化されているのではないか」、「この子は何に対して不安や怖れを抱いているのか」という視点で、子どもの生活の直近から近未来を再点検することも支援のうえで有効である場合が少なくない。

2. 感情調節・行動のコントロール・自己概念への影響

　生存を脅かされるような恐怖に慢性的に曝されると、圧倒的な感情体験を、言語的に整理することが困難になる。自分自身が不安や怖れを感じていることなど、自分自身の内的体験を的確にとらえることが困難であることも多く、また、その内的変化をどのような言葉で表現すればいいのかということもわからない（感情のラベリングや表出の困難さ）。また、感情に圧倒されて自分で調節して落ち着くということも困難となる。自分が感じていることを他者に率直に伝えて共有することができないため、「誰かに慰められる、助けてもらえる」という体験が乏しく、結果的に、前述したように、対人関係によってなだめられて、「不安や恐怖」を落ち着かせることができず、成長とともに、さまざまな「自己流の方法」でなんとか対処しようとするようになる。その「自己流の方法」は、自分の体を使ってなだめる、自分の中に引きこもる、相手を攻撃して反応を引き出すなど、虐待的な養育者等との間では生き延びるために、その時点では有効なものであったと考えられる。しかし、安全で支援的な大人や仲間に対しては、不適切で、人間関係を

破壊するものとなる可能性が高い。さらに，成長とともに，薬物の使用，頻繁な不特定多数との性行為，引きこもり，非行・犯罪など，「問題行動」とみなされるような行動へと変容し，前述のように，社会不適応や健康問題を引き起こすリスクを抱えている。

　こうして，虐待の最中には適切であった（そうしないと生き残れなかった）対処法が，後に，不適切なものとなっているが，他の対処法がとれないために持続し，結果として，周囲から注意や叱責，拒否を受けることにつながる。そうした周囲の反応は，「ほら，やっぱり自分は拒否される，見捨てられる，嫌われる」と，彼らの「人間関係のひな型」を支える歪んだ認知（考え方）を正当化することにつながってしまう。さらに，「自分はダメな存在」，「生きている意味もない存在」というような，否定的自己認識を強めることにもつながっていくのである。

3．子ども時代の逆境体験の長期的影響

　幼い頃の家庭環境が，長期にわたって心身の健康や社会適応に影響を及ぼすことは，逆境的小児期体験の研究，いわゆる ACE 研究によって示されている（Felitti et al., 1998）。この研究は，米国において行われたものであるが，健康診断を受けた17,421人を対象に，「子ども時代の体験」についてアンケートをとり，それと，各人の詳細な医療記録との突き合わせを行ったものである。各人の「子ども時代の体験（逆境的小児期体験）」の項目数（ACE スコア）と，成人後の病気や身体の不調に相関関係があるかを調べることを目的になされた研究であるが，研究者の予想を上回る明確な相関がみられたことが報告されている。

　この研究でチェックされた「子ども時代の体験」とは，18歳までに家庭で体験した，心理的虐待（暴言や差別的扱いなど），身体的虐待，性的虐待，母親への暴力の目撃，家族の精神疾患，家族の物質（アルコールや薬物など）乱用，家族の収監，片親／両親の不在，身体的／情緒的ネグレクトをさす。

　そして研究結果は，心疾患，肺疾患，肥満，がん，脳卒中，また原因不明の自己免疫疾患や繊維筋痛症などの慢性疼痛，慢性疲労症候群に至るまで，

ありとあらゆる慢性疾患は，子ども時代に体験した逆境の種類が多い人ほど発症率が跳ね上がるという相関を示していた。

　その後もさまざまな研究が重ねられ，ACEスコアが4以上の人は，0の人と比較して，アルコール依存，薬物乱用，うつ，自殺企図が4〜12倍になるなど，健康上リスクのある行動や社会的問題の著しい増加が見出されている。

　なぜ，こうした影響があるのか。その理由を，研究者らが説明したものが，図2-1（本書p.21）のACEピラミッドと呼ばれるモデルである。

　このモデルに示されていることは，子ども時代の逆境体験は，子どもの神経発達に深刻な影響を与え，その結果，子どもは，落ち着きがなくなったり，興奮を鎮めることが困難になったり，集中や注意，焦点化に困難が見られるようになる。そして，そうした特性は，仲間や大人との関係，情緒的発達（感情コントロール），認知や学習に否定的な影響を与える。

　学校生活がうまくいかないことや，周りから理解されず，注意・叱責・罰を繰り返されることが，無力感，自己不全感，孤立感などを高めていくが，そうした否定的な感情や思考を紛らわせるために，また，トラウマに起因するさまざまな精神症状に対処するために，喫煙，飲酒，薬物使用，不特定多数との性行為，過食などの健康上リスクのある行動を繰り返すようになる。

　そうした行動が，結果的に疾病リスクを高め，身体的・精神的な障害につながったり，失業，ホームレス，犯罪・違法行為，虐待の世代間伝達，DVなどの社会的問題にもつながる。そして，寿命も平均より約20年短くなるという，子ども時代の逆境体験の影響が，生涯にわたって，どのように積みあがっていくのかを示したのが，このモデルである。

　こうした逆境の影響は，世代を超えて繰り返されていることも少なくなく，虐待を受けてきた子どもだけでなく，その養育者の置かれてきた状況を理解するうえでも，このACEピラミッドは参考になると考えられる。

第3節 学校における虐待のトラウマを負った子どもの支援——子どもの言動の理解

　学校場面において，虐待やネグレクトを受けた子どもたちに見られる課題として，以下のようなことがあげられる（NCTSN, 2014）。

- 成績不良，落第・留年や中途退学
- 読解力，言語理解力，言語表現力の低さ
- 集中困難，覚えられない，すぐ忘れる，情報整理ができない，計画性がない，問題解決の仕方がわからない
- 反抗的
- 不安が高い，緊張が強い
- カッとしやすい，興奮しやすい，絶えずイライラしている
- 内にこもる，落ちこむ，ぼーっとしている
- 授業中眠そうで疲れている
- 場所の変更や日課の変更に不快感を示す
- ベル，サイレン，ドアの閉まる音，明かりの変化，予期せぬ身体接触などの突然の音や動きに飛び上がったり，容易におびえたりする
- 自己破壊的な行動や自傷行為
- 拒否された，見捨てられたと激しく言い募る

　虐待のトラウマの影響を強く受けた子どもは，自身の感情や内的な状態に気づかず，またそれを言語化できず，感情自体を調節，管理することが難しい。そのため，周囲からは，意欲に乏しく怠けているように見えたり，いきなり感情が爆発したり，何度注意されても不適切な行動を繰り返しているだけのように見えることもあるだろう。
　学校において，「困った子」「周りを困らせる子」「厄介な子」とみなされるような行動をする子どもたちを，トラウマの視点から理解しようとすると，「どうしたらよいかわからず困っている子」「支援を求めている子」とい

う姿が見えてくるだろう。

　以下に，いくつかの例をあげて考えてみたい。以下の例は，実例に基づいているが，大幅に改変し一般化したものである。

事例4-1　授業中，急に立ち歩き，注意をしても座らない子ども

　困った子ども：小学校2年生のAは，授業中急に席から立ち上がり，落ち着きなくうろうろしたり，窓の外をのぞいたりし始めた。座りなさいと注意するものの，落ち着かず，キョロキョロしながら，時折声をあげながら教室の中を立ち歩いた。

　トラウマの視点：Aが突然立ち上がる前に，外から**バーンという大きな音**がしていた。この音がきっかけとなり，Aはびくっとなって飛び上がり，落ち着きをなくして，教室内を立ち歩きし始めたということがわかった。

　子どもの体験：Aの家では，日常的に父母が言い争い，父が机やドアを叩いたり蹴ったりして母を威嚇し，時に母の髪の毛をつかんで引きずりまわしたり，頭を壁に打ち付けるなどの暴力を振るっていた。大きな音が聞こえた途端に，Aは家庭でDVに直面しているときと同様の「危険」を感じ，不安や怖れから，担任の注意もまったく耳に入らない状態に陥っていた。

事例4-2　騒いでいたので，名指しで注意をしたところ激昂した子ども

　困った子ども：小学校6年生のBの周りの男子数人が，授業中に消しゴムを投げ合うなどしてふざけていた。担任が，いちばん目立った**Bを名指し**して，「何をしている！　B，立ちなさい！」と注意したところ，Bは目を吊り上げて，**「俺ばっかり！」**と叫び，立ち上がって，椅子を蹴り，「いつも俺ばっかり怒るんだ！」と大声をあげた。手に持っていた消しゴムを教師に投げつけ，机を押し倒し，教師が「お前だけを

怒っているんじゃない」と声をかけても興奮は止まらず，Bは「いっつ
も，俺ばっかりや！」と涙を流し，落ち着かせようと近づいてきた教師
の手も振り払ってわめき続けた。

トラウマの視点：今回，複数名で消しゴムを投げて遊んでいたところ
を，Bだけが名指しで注意を受けた際に，「また俺だけが怒られる」「俺
なんかいない方がいいんだ」という考えが頭に浮かび，感情が抑えられ
なくなった。

子どもの体験：Bには，姉と弟がいるが，家庭においては，姉と弟は
父から溺愛され，Bだけが父から「できそこない」，「へたれ」などとな
じられていた。また，きょうだいでもめ事が起こると，Bだけが父から
激しい折檻にあっていた。父には，まったく歯向かうことができず，な
じられ，殴られるままになっていた。「俺ばっかり怒られる」「みんな俺
なんかいなくなればいいと思っている」という「認知」がリマインダー
となって家庭での虐待場面が想起され，父には普段出せない怒りや悲し
みを，大声を出して暴れるという形で表出したと考えられる。

事例4-3　掃除の仕方を指導していると急に興奮して殴りかかってきた子ども

困った子ども：中学1年生のCが，男子トイレの個室内で掃除をして
いる様子を見ていた担任は，あまりにも適当な掃除の仕方を見かねて，
個室入り口から声をかけ，掃除をきちんとするようにと注意をした。す
ると，Cの表情が急に変わり，次の瞬間，担任に殴りかかってきた。

　Cは小柄で，日ごろから担任に反抗的な態度をとっているわけでもな
く，どちらかというと，目立たない生徒であった。それだけに，掃除の
仕方を指導したことで，Cがこれほどまで興奮し，暴力まで振るってく
るとは，担任はまったく予想していなかった。

トラウマの視点：今回，掃除の仕方を指導するために，背の高い担任
がトイレの個室の入り口に立ったとき，逃げ道を閉ざされたように感
じ，恐怖からパニック状態になっていた。

子どもの体験：Ｃは，家庭で身体的虐待を受けて育ってきた。父親から，大声で怒鳴られ，威嚇され，追い詰められて殴ったり蹴られたりしており，命の危険を感じることも多かった。背の高い男性教師が個室の入り口に立ったとき，虐待されていたときのことがフラッシュバックし，命がけで逃れようとして，そこに立ってＣの逃げ道を塞いでいる担任に殴りかかったのであった。

事例4-4　突然教室を出て，体育館裏で喫煙していた子ども

困った子ども：中学２年生のＤは，男性教師が授業をしている最中に，突然無言のまま教室を出ていった。教師が，「どこへ行くんだ，戻ってこい」と言うもまったく耳を貸さず，「うざい」とだけ言い捨てて，校舎から出ていってしまった。知らせを受けた生活指導担当職員が校内を見回ったところ，体育館裏でタバコを吸っているＤを発見した。

トラウマの視点：男性教師が，生徒の注意を引くために，「ここは試験に出ますよ！」と，**黒板をコン，コンと叩いた音**を聞いた途端に，突然Ｄは不穏状態となり，心臓がバクバクとし，息が苦しくなってしまった。それ以上教室にいられなくなり，飛び出さざるを得なかった。とにかく教室から離れたくて，人のいない体育館裏まで行ったが，まだ心臓がバクバクして，頭がクラクラしていたので，タバコを吸って息を吐き出すことを繰り返して，やっと落ち着いてきた。

子どもの体験：Ｄは，小学校５年生から，家庭で，五つ年上の兄から性暴力を繰り返し振るわれていた。Ｄ自身，なぜ不穏になったのか，自分でもわからなかったが，実は教師が黒板をノックするかのように叩いた音を聞いたときに，兄が部屋に入ってくるときの恐怖がよみがえり，自分ではどうしようもない不穏状態に陥っていた。Ｄは，中学に入る頃から喫煙を始めていたが，喫煙は，Ｄにとって，不安やイライラを感じるときに，気持ちを落ち着かせる効果があった。

虐待のトラウマを負った子どもたちの成長・発達を支援するためには，「トラウマ」の視点からの理解が不可欠である。もし，虐待やネグレクトという深刻なトラウマの影響を考慮しなければ，子どもたちは，ルール違反をしたことや，反抗的態度をとったこと，授業への取り組みが悪いことなどの理由で，たえず教師から叱責されることになるだろうし，仲間関係も悪化し，学習への動機も低下し，「やっぱり自分はダメな子ども」「誰からも拒否され，見捨てられる」という信念を，学校生活を通して強化するだけになってしまうだろう。

第4節　虐待のトラウマを負った子どもたちの支援——生活内でのかかわり

1．安全感を高める工夫

　教師は，さまざまな能力や特性のある児童・生徒とかかわり，そうした子どもたち一人ひとりの成長・発達を支援するために，これまでにもさまざまな取り組みを行っているだろう。しかし，虐待のトラウマを抱えた子どもたちは，これまで述べてきたように，とりわけ（安全であったとしても）おびえており，（自分の内的状態についても理解できず，また対処スキルもないために）脆弱であり，（そうでなかったとしても）拒絶されていると感じている。それゆえに，こうした子どもたちは，その体験（虐待やネグレクト）や，それによる影響について理解している，支持的な大人のかかわりによって，おおいに助けられる可能性があるため，校内で，誰か一人でも，どこか一カ所でも，虐待のトラウマを負った子どもたちが，何かあったときに話せる人，駆け込める場所を確保しておくことも重要である。

　また，虐待のトラウマを負った子どもたちは，また何か恐ろしいことが起こるかもしれないという否定的な予期に囚われているので，生活を構造化し，日課や教職員の対応に，一貫性と安定性をもたせ，少なくとも，「予見可能」であることによって，安全感を高める工夫をすることも重要である。

2．問題行動への対応

　安全なのか，安全でないのかを子ども自身が区別することが難しく，結果的に，虐待を受けている際には「適応的（安全を保つために役立った）」であったけれども，そうではない場面では，「問題行動」とみなされるような行動をしてしまう場合があることは，先述したとおりである。

　教室や学校の中で，トラウマに起因する症状がどのように見えるかということを理解し，指導・注意が先行するのではなく，共感をもって「問題」に見える子どもの行動に対応し，子どもの回復につなげていくことが肝要である。なぜ子どもがこうした行動をするのかを検討する際には，トラウマの視点をもつべきである。そして，教職員が一貫したかかわりを行うことが，子どもたちの安全感や，見通しをもてる感覚を高めることにつながるだろう。

　また，子どもの養育者（施設職員などを含む）や関係機関（児童相談所や医療機関など）の専門職員と，そうした「問題行動」が，子どもにとってどんな意味・役割をもっているのかについての理解を共有することが望まれる。そして，現在の場面では不適応であったとしても，それは，虐待場面に対処するために，子どもなりに必死で行ってきた対処法であるということを認める必要がある。

3．自己コントロール感を高める

　虐待のトラウマを受け，さまざまな症状を抱えている子どもたちは，自分自身を「おかしい子」,「悪い子」とみなしていたり，自分には，何かの欠陥があると思っていたりする。周りから「おかしい」,「問題だ」と指摘を受けたとしても，自分ではどうしようもないと，無力感を抱いている。

　子どもが体験した虐待やネグレクト（トラウマ）と，現在の生活の中の刺激（リマインダー）と，それによって引き起こされる症状のつながりを，子どもが理解できるように支援し，そのうえで，リマインダーの管理や感情調節のスキルを身につけていけるよう，支援を行うことが大切である。ただ，口で「落ち着け」というだけでは，なかなか自分で自分を落ち着かせることは難しいので，落ち着く方法を教えて，日ごろから練習し，スキルとして身につけていくことを支援する必要があるだろう。

学校で子どもがうまくやっていくのをサポートするために，学校だけでなく，家庭や施設などの生活場面でも，どうすれば虐待のリマインダーに対処できるか，どうすれば落ち着くことができるのかということを，子どもと一緒に特定し，練習を重ねられるよう，協力体制を作ることも重要である。

4．自己肯定感を高める

課題やテストに取り組ませる際には，取り組む時間を十分に与えること，一度に一つずつ指示をすること，声かけや方向づけなどのサポートを入れること，言語処理，注意，記憶，その他その子どもにとって困難な領域について要求度を下げることで，子どもが成功体験を積めるよう支援することも重要である。

虐待のトラウマを負った子どもが，他の子どもたちのために貢献できる機会となるような，向社会的な活動を学校教育の中に取り入れ，子ども同士，大人と子どもがお互いに交流し合うような活動を行うことも有効である。仲間や大人とつながる機会が得られるだけでなく，他者から受け入れられる体験，他者の役に立つ体験を積み重ねることも，虐待のトラウマを負った子どもたちの自己肯定感を高めるために役立つだろう。

第5節　教職員自身のセルフケア

虐待のトラウマを負った子どもたちとかかわることで，教職員自身もトラウマの影響を受ける。教職員自身の幸福や健康を高めることは，子どもたちを支援する能力を伸ばすことにつながる。こうした，間接的なトラウマの影響を管理するためには，以下の三つが重要とされている（Saakvitne et al., 2000）。

1．トラウマの影響を受けていることに気づくこと

虐待のトラウマの影響を受けた子どもたちに共感的にかかわることで，教職員自身もトラウマの影響を間接的に受けることになる。それは，共感能力があるゆえであり，子どもの不安や悲しみ，怖れを思うときに，支援者の脳

内でミラーニューロンが働くからだともいわれている。

　静かな場所で落ち着いて，自分自身のこれまでの人生において，トラウマがどのような影響を及ぼしていたかを振り返るとともに，何が引き金となって，対処しにくい感情が高まるかを検討するといいだろう。虐待のトラウマを負った子どもたちとかかわることによって，自分自身の中で，トラウマの影響が高まっていることに気づくことは重要である。

２．バランスをとること

　仕事と家庭の切り替えを意識し，セルフケアを増やすことが大切だ。慢性的にトラウマの影響を受けた子どもたちとかかわるとき，楽しんだり，運動をしたり，静かに過ごしたりする時間をもち，よく食べ，人とかかわって笑うなど，セルフケアを意識的に行うことが心身のバランス回復に役立つだろう。

　また，仕事のうえでも，虐待のトラウマの影響を強く受けた子どもたちとだけかかわるのではなく，可能であれば，トラウマを負っていない子どもたちと活動をしたり，教材づくりや会議など，心理的負担の少ない業務とのバランスをとることも重要だ。そうすることで，子どもがみな深刻なトラウマを負っているわけではないということを思い出す機会にもなるだろうし，また，教育者になろうと思ったきっかけを思い出し，当初の動機を新たにすることにもつながるだろう。

３．人とつながること

　自分一人で抱え込まず，他の教職員や指導する立場にある職員と，体験を分かち合うことも，非常に重要である。教育者として，全力で仕事に取り組んだあと，仕事から家庭へとうまく切り替えて，移行できるような戦略をもつことが大切だ。その一つの方法は，学校で，自分自身のためのサポート仲間を作り，理解ある人たちとつながることだ。また，理解ある人たちとつながって，定期的に話をすることも有効である。教師自身が，何かあったときに話せる人を確保することは，孤立感，無力感に陥ることを防止するうえで不可欠なことだ。

さいごに

　学校は，子どもたちが自己肯定感を高め，社会性を広げ，自分のアイデンティティを豊かにしていく場である。しかし，虐待のトラウマを負っている子どもたちは，さまざまな領域にわたって困難を抱えている。子どもたちが，自分の状態に気づいて回復していく道のりを歩めるよう，肯定的な言葉かけ，やれたという体験の機会，友人や教師らとの対等で豊かな交流，社会の中でのさまざまな役割の体験など，自分の肯定的イメージの構築につながるような，体験が得られることが望まれる。

　子どもが自分のニーズを向社会的に満たしていくためには，内的資源を豊かにし，外的資源も増やし，外的資源に気づいて利用できるような体験をできるだけ多く与え，自分自身や社会への信頼感を高めていくような支援が必要となる。

【引用文献】

American Psychiatric Association（2013）. *Diagnostic and statistical manual of mental disorders: DSM-5* (5th-ed.).〔日本精神神経学会（監）(2014). DSM-5 精神疾患の診断・統計マニュアル. 医学書院, 269-278.〕

飛鳥井望（2019）. ICD-11における PTSD/CPTSD 診断基準について――研究と臨床における新たな発展の始まりか，長い混乱の幕開けか？. 日本トラウマティック・ストレス学会誌, 17(1), 73-79.

Centers for Disease Control and Prevention（CDC）. CDC-Kaiser ACE study.〔https://www.cdc.gov/violenceprevention/childabuseandneglect/acestudy/about.html〕(2019 年 4 月 2 日)

Cook, A., Blaustein, M., Spinazzola, J., & van der Kolk, B.（Eds.）(2003). Complex trauma in children and adolescents. White paper from the National Child Traumatic Stress Network Complex Trauma Task Force.

Felitti, V. J., Anda, R. F., Nordenberg, D., Williamson, D. F., Spitz, A. M., Edwards, V. et al.（1998）. Relationship of childhood abuse and household dysfunction to many of the leading causes of death in adults: The adverse childhood experiences（ACE）study. *American Journal of Preventive Medicine*, 14(4), 245-258.

National Child Traumatic Stress Network（NCTSN）. (2014). Complex trauma: Facts for educators. [https://www.nctsn.org/sites/default/files/resources//complex_trauma_facts_educators.pdf]

Saakvitne, K. W., Gamble, S., Pearlman, L. A., & Lev, B. T（2000）. *Risking connection : A training curriculum for working with survivors of childhood abuse*. Sidran Press.

Substance Abuse and Mental Health Service Administration.（2014）. *SAMHSA's concept of trauma and guidance for a trauma-informed approach*. HHS Publication No.（SMA）14 −4884.

【参考文献】

浅野恭子・野坂祐子（2016）．子どもの性問題行動の理解と支援――アタッチメントとトラウマの観点から．日本トラウマティック・ストレス学会誌，14(1)，47 −55.

第**5**章
子どもの性暴力被害への対応

【藤森和美】

はじめに

　学校現場において，子どもの性暴力被害が明らかになったときに，事情を知らされた教職員は大きな衝撃を受ける。もちろん，子どもの保護者は，教職員以上に大きな混乱を示している。大人たちは，大切な子どもが性暴力被害を受けるとは考えたくないものである。その認めたくない気持ちの背景には，性暴力被害が子どもの心に深いトラウマ（心的外傷）を残すことを，たとえ専門的な知識がなくても誰もが容易に想像でき，その辛さが体感できるからであろう。

　内閣府の子どもの性被害防止対策に関する世論調査（2018）では，「身近にいる子どもが性被害に遭うかもしれないという不安を感じるか」と聞いたところ73.5％が「不安を感じる」（「不安を感じる」44.1％＋「どちらかといえば不安を感じる」29.4％）となっており，7割以上の人々が不安に思っている。そして，現実に子どもの性暴力被害に遭ったときに打ち明けたり相談する相手は，複数回答可で「警察」（66.0％），「家族・親族」（45.1％），「学校関係者（教員，養護教諭カウンセラーなど）」（30.2％），「児童相談所」（25.9％）の順になる。ということは，学校関係者が相談先として上位に位置していることを，教職員は意識しておかなければならない。

　被害体験を打ち明けられた大人は話してもらった時点で，すでに子どもにとって大切な支援者である。子どもは，打ち明けたことで，信頼できる大人たちの表情から笑顔が消え，悲しみ，怒りを抱えていることを感じ取り，自分の被害体験のせいで，周囲の大人たちを困らせていると感じてしまう。

その結果，その子どもは何事もなかったように振る舞うことが一番良いのだと判断し，被害に関することを話さなくなり，まるで忘れたように過ごそうとする。そのことで周囲を安心させようとしながらも，心の中の深い傷を抱えて一人苦しんでいる。また，問題は深く潜在し，何年も経過したのちに，自分の中の解決されていない状態が，身体的不調や精神的混乱になって出てくることも珍しくはない。

一方で，被害体験のトラウマからくる自尊感情の低下，過剰な挑発的行動による対人的トラブルの発生，ひきこもりからくる不登校，学習活動における抑制からくる成績低下，および不安や緊張感を軽減するための不健全な方法（自傷行為や薬物使用など）といった問題が発生する。周囲の大人たちは，目に見える問題行動に目を奪われ，子どもを叱ったり励ましたりするが，なかなか効果が出ない。

子どもの理解と支援には，肝心のトラウマを理解するための正しい知識が必要である。難しい問題だからこそ，大人たちは逃げずに，子どもの性暴力被害が子どもの心身に与える影響について理解し，それぞれの立場で連携を組んで対応していくことが必要である。

連携を組んで子どもの支援をするには，まず心理教育が必要となる。トラウマに関する心理教育では，被害を受けた子ども本人やその保護者，子どもを支援する周囲の人たちに，トラウマ体験とはどのような出来事なのか，トラウマによる反応や症状はどのようなものがあるのかを分かりやすく説明することが必要である。子どものさまざまな反応や症状が，トラウマ体験によって生じる自然で当然の反応であることを知り理解することによって，安心感と安全感を高めて，心理的回復に進むことができる。本章は，心理教育の基礎となる情報と，支援のあり方について述べる。

第１節　子どもへの性暴力とは

１．被害者に配慮した言葉えらび

被害に遭った子どもの学校へ支援に入ったときに，関係する教職員から「生徒が性的ないたずらをされた」と語られるときがある。性暴力を「いた

ずら」と表現することから，被害はたいしたことない，ちょっとしたことである，大げさに騒ぎたくないという心理的なバイアスが教職員にかかっていると感じる。しかし，被害を受けた子どもや保護者にとっては，「いたずら」とは被害が軽く見積もられてしまう表現であり，さらに傷つきが深くなるということについて説明をする必要がある。被害体験としてきちんと扱うことで，被害者が悪いのではないという支援の基本を伝えることから支援が始まる。

　性暴力被害とは，「本人の意に反した性的な言動」とされている（藤森・野坂，2013）。ここで，「意に反する」という意味は，本人が嫌だとか抵抗したなどということだけに限定されていない。嫌でも断れない力の影響がある関係性の状況がある。加害者が，支配力や権力のある場合や，親愛を示しているように誤解させている場合などがある。子どもにとっての性暴力被害は，大人の被害と異なることが多い。

　以下に，子どもにとって断れない状況の事例を示した。本事例は実例をもとに創作した架空事例である。

事例5-1　幼児が親戚の叔父から被害を受けた事例

　幼児が親戚のおじさんに遊んでもらっていて，親密な関係を作るなかで，お風呂に入って性器を触られ被害を受ける。幼児は，大好きなおじさんと思っているので加害者は同意を取り付け，かつ秘密にすることを約束させていた。

事例5-2　中学の部活動で顧問の教師から性暴力被害を受けた事例

　バレーの部活動の顧問が，中学3年女子生徒に対して指導と称して性暴力を行う。生徒の筋肉マッサージから始まり，キス，レイプに至った。レギュラーのポジション選抜や技術指導の権力を持っているため，断れない。叱ったあとにとても優しくしたり，特別扱いをしたりし，生

徒の気持ちを掌握していった。

事例5-3　小学生が SNS で呼び出されて被害

　SNS で「写真のモデルになってください」という呼びかけに応じ，保護者には内緒で待ち合わせ場所に行き，初対面の加害者とお茶を飲む。その後，写真撮影を町の中で行い，やがてホテルでの撮影になり下着姿の写真を撮られる。写真が気に入り自分のインスタグラムにアップしたことで，友人が気づいて学校に報告し発覚した。加害者からは，撮影会と称して何度も呼び出されており，性的被害も発覚した。

事例5-4　中学の同級生男子に集団レイプを受けた事例

　中学の男子友人宅に女子生徒が遊びに行き，出されたジュースを飲んだら意識がなくなった。しばらくして起きると，身体に異変を感じた。知らない数人の男子が女子生徒の意識がない間に性交をしていた。さらに，その様子をスマホに録画されていた。男子生徒を訪問した直後に，薬物入りのジュースを飲まされており，計画的な犯行である。

事例5-5　高校の運動部の先輩たちから性暴力被害を受けた事例

　高校の運動部の部室で，男子生徒が先輩たち数人に囲まれてマスターベーションを強要された。小突かれたり，殴られたりしたあとで，気力がなくなったあとに，パンツを脱がされ，はやし立てられたあとのことである。

いずれも加害者は，支配的な力で被害者を服従させている。近しい関係を利用する場合も，やはり力の支配が影響している。

2．性暴力被害

　具体的な性暴力被害を表5-1に示した，加害者の属性は，学校の同級生，先輩，後輩，教職員や塾講師や家庭教師，近隣住民，親戚，家族など身近な顔見知りの人が多い。もちろん，ネット上で知り合った人や，まったく知らない人も加害者となっている。いずれにしても，子どもが被害を打ち明けるのには勇気が必要である。

3．性的同意年齢とは

　性的同意年齢とは，性行為の同意能力があるとみなされる年齢の下限のことである。性行為がどのような行為かを理解し，自分が性行為をしたいかしたくないかを判断できる年齢とされ，性的同意年齢に達しない子どもと性行為を行った場合は，すべて罪に問われる。日本の刑法では，13歳未満の子どもに対する性行為は違法である。13歳以上は，「暴力」や「脅迫」，「束縛」や「不意打ち」を伴う性行為は違法となる。

　18歳未満との性交渉は，地域の条例（青少年保護条例や，青少年健全育成条例などの名称であり，警察庁が用いている統一名称は「青少年保護育成条例」）で原則禁止されている。18歳未満とは，同意があってもこの条例違反になる場合がある。

表5-1　性的暴力被害の内容

★身体特徴へのからかい，性的な言葉がけ（セクシュアルハラスメント）。 ★ネットに性的な中傷を書き込む。 ★着替え・トイレ・入浴をのぞく，写真やビデオを撮る（盗撮）。 ★下着，衣類を盗む。 ★強引なキス・身体への接触。 ★抱きつく，性器をさわる，精液をかける。 ★強引なセックス（オーラルセックスを含む）。 ★アダルトビデオや卑猥なネット動画を見せる，裸や性器を見せる。 ★子どもの裸や性器を写真に撮る。

「児童虐待の防止等に関する法律」（通称児童虐待防止法）は2000年11月に施行された。そのなかでは，性的虐待を「18歳未満の児童にわいせつな行為をすること」と定めている。直接的なわいせつ行為だけでなく，大人の性器，性交渉場面やわいせつな画像を見せることも含まれている。家庭内の出来事であるため，発見がより遅れるのが特徴である。さらに，別の保護者が性的虐待に気づかない場合や気づいても放置している場合は，虐待のネグレクトにも該当する。

　学校現場で，対応が難しいと感じるのは生徒同士に性交渉の同意があったかどうか，さらに生徒らになんらかの知的・認知発達の問題がある場合に，何をもって真の同意とするかについて考えることである。これは本来，事態が起きてから悩むのでは遅く，小学生のころから個人（自分や他者）の尊重，プライベートゾーンの守り方，積極的同意とは何かということを発達段階に合わせて教えておく必要があることを示唆しているのだと考える。

　また，生徒同士が加害・被害の関係にある案件としてあがってきた場合の教員の立ち位置である。それぞれの当該教員には，たとえその生徒が加害生徒であっても，生徒のことを信頼し，その立場を弁護する立場をとることがしばしば見られる。教員が，普段から加害生徒の保護者や本人を担当していると，すでに信頼関係ができており，加害者の意見や意向を代弁したり支援したい気持ちが強すぎ，加害者の要求に対して，教員が非常に個人的な約束をして，被害者の立場を窮地に追い込むことがある。たとえば，加害生徒やその保護者に「転校はしなくてよい」とか「謝罪をしたら許してもらえる」というような安易な言葉がけや励ましをして，後々まで影響をもたらすことがある。被害者支援の優先順位は，第一が被害者の支援であるため，加害者に対する支援プランは共通の認識のもと慎重に計画を立てることが求められる。心理専門家は，この点については事前の心理教育で強調して，チーム学校として支援することを確認しなければならない。

第2節　子どものSOSサインを見つける

1. 偏見と価値観

　周囲の大人にとって，性の問題を扱うことは非常にデリケートでプライ
ベートなところがあり，不安になる人は多い。それは，個人の持つ偏見や価
値観と向き合うことが求められているからである。加えて，人権尊重の基本
的な信念が必要になってくるため，自分自身を振り返る作業を迫られる。こ
れは，子どもの保護者にも同じことがいえるのである。次のような項目（表
5-2）を自分でチェックしてみると，自分の抱える問題や課題を知ること
ができる。正直な気持ちで答えてみよう。

　個々の人間には，さまざまな偏見，価値観，思い込みなどがあり，いろい
ろな気持ちになるのは当然のことでそれ自体が問題ではない。ただし，それ
をしっかり意識してコントロールできているかが重要なのである。

　特に支援者の被害体験の有無は，被害者対応で大きな意味をもつ。もし，
支援者に被害体験があった場合は，どの程度回復できているか，その人の価
値観や偏見は何かを吟味し，心配な場合は心理専門家に相談をすべきであ

表5-2　自分の偏見と価値観のチェックリスト

①性について話したり聞いたりすることに慣れていない，苦手だ。
②子どもが被害に遭うとは信じられない，受け入れられない。
③被害に遭った子どものこれからの人生は台無しである。
④被害内容が生々しくて，激しく動揺してしまう。
⑤恥，怒り，悲しみ，無力感などの感情に圧倒される。
⑥自分も過去に性暴力被害に遭ったことがある。
⑦被害に遭った子どもにも悪いところがあったかもしれない。
⑧自分の力で，なんとか子どもを一刻も早く助けなければならない。
⑨問題を解決して，子どもや家族に感謝されたい。
⑩子どもをさらに傷つけたらどうしよう，傷つけそうだ。
⑪子どもが早く忘れるように，そっとしておくのがよい。
⑫被害のことは誰にも言わないように教えるべきだ。
⑬セックスについては，自然と学んでいけるものだ。
⑭この程度の被害で落ち込んでいたら，人生なんて生きていけない。
⑮援助交際は，金品を受け取った子どもにも非がある。

る。筆者が支援に参加する場面では，「子どもの支援のために重要なことなので教えてください」と丁寧に説明して，保護者や支援の主軸となる教職員，連携チームの精神保健の専門家にも被害体験の有無を確認することにしている。これは，筆者の臨床からの体験である。しばしば保護者や教職員の中に，被害体験からくるトラウマがあったため，子どもの被害体験とかかわることで自分の記憶がよみがえり身体不調が出現し，心理的にひどく混乱して，落ち着いて子どもの対応ができなくなるなどの症状が出たりする場合があった。子どもにとって安全な環境を保つためには，周囲の大人の安全と安心を確かめる必要があることを知らされた。

2．子どものSOS反応

　日常生活の中で，性暴力被害の体験をした子どもを見つけだすのは難しい。性暴力被害を体験した子どもが，「学校を休むこともなく授業にも出ている。部活に参加しているし，なにも変化が感じられない」という報告を教職員から受けることも少なくない。保護者からは，「被害の恐怖やその状況を，子どもが一切話すこともない。変わったこともなく普段通りの生活をしているから大丈夫」と伝えられる。子どもは，「特別扱いはしてほしくない」「（思い出すから）そのことに触れないでほしい」「親に心配をかけたくない」などの気持ちから，辛くても我慢していたり，症状を隠していたりするものである。

　しかし，子どもの健気な努力に周囲の大人たちが知らないふりをしたり甘えることは許されない。特徴的な反応を具体的に示すことで，保護者が思い当たるふしがある，教職員もそう言われれば気になることがある，という具合に子どもの反応が明らかになってくる。何かあるのが当たり前だ，という視点が求められる（表5−3）。

　身体的反応は，養護教諭が気づくことが多い。身体の不調を理由に来室した子どもの様子を観察し，対応をするときの声がけから，被害の事実を打ち明けられる場合もある。子どもの反応は，身体と感情と行動が絡み合っており，一方向からだけでは理解することはできない。

表 5 - 3　性暴力を受けた子どもの反応

①身体的反応
　頭痛　発熱　悪寒　めまい　過呼吸
　腹痛・下痢・便秘　性器のかゆみ・痛み　下腹部の不快感
　排泄・排尿時の痛み　性感染症
　吐きけ　食欲不振　過食・拒食
　睡眠障害（入眠困難，途中覚醒，早朝覚醒，朝なかなか起きられないなど）
　悪夢をみる　夜驚　夜尿
　自傷行為（髪の毛を抜く，肌をかきむしる，リストカットなど）

②感情面の反応
　不安　悲しみ　怒り　イライラ　恐怖　怯え
　抑うつ感　無気力感　無力感　罪悪感　自責感　屈辱感
　孤立感　疎外感　感情のコントロールができない　希死念慮

③行動面の反応
　一人を嫌がる　不安がる　落ち着きがない
　極端な人間関係（よそよそしくなる，異常にべたべたする，孤立など）
　退行（赤ちゃんがえり）
　解離（ボーッとしている，物忘れ，空想にふける）
　回避（被害に関連するものを避ける，近づけない）
　ゲームやネットに没頭する
　友達やきょうだいとケンカする　物を壊す　万引き
　性的な言動や遊び（お医者さんごっこ，お風呂ごっこ）
　裸になりたがる　自分や人の性器をさわる

事例5-6　養護教諭が性暴力被害に気づいた事例

　保健室に「身体がだるい」としばしば訴えてきた中学2年生の女子生徒である。眠いとベッドで横になり，すぐに眠り30分ほどしたら起きて自分で教室に戻ることが続いた。

　養護教諭が睡眠の問題があるのではと思い，「夜は眠れているの。睡眠時間は足りているの」と質問したところ，「寝つきが悪い，横になっても寝つけないので，午前2時近くまで布団の中でゲームをしている」と話した。

　養護教諭は，寝つきの悪い原因に疑問を感じ，慎重に家庭生活のこと

を尋ねたところ，重い口を開き始めた。両親は離婚しており，母親と暮らしていたところに，1年前から母親の若いボーイフレンドが引っ越してきて同居し始めた。母親の仕事は介護職で夜勤が多く，夜はそのボーイフレンドと二人きりになることが，1週間に1回以上ある生活ぶりだ。2カ月ほど前に，生徒が寝入ったところにボーイフレンドが布団に入ってきた。気づいたが，そのまま寝たふりをしていると胸を触られた。その日以来，生徒は自分が先に寝つくのが怖くなり，眠れなくなったといういきさつをぽつぽつと話し始めた。

　これは，養護教諭の睡眠の問題に関する確かなアセスメント力が，成果を上げた事例である。ゲームへの没頭は嫌なことからの回避であるし，寝入ることに警戒が高まり，安心して眠れていないことが推察できる。ゲームやスマホへの過度な熱中は，問題行動として切り取られてとらえられがちだが，その背景にはさまざまな原因がある。そのような視点をもち，子どもに安心と安全を保障し傾聴する姿勢は，彼らに対して敬意を払い，その尊厳を大切にすることから始まる。

　被害を言語化するためには認知・言語社会面の発達，自我の発達，子どもが置かれた状況など，さまざまな要因が影響する。自発的に被害を話すことは，大人でも難しいことが多い。子どもが言語化できない違和感，苦痛や恐怖を，形を変えて必死で出しているSOSのサインを見逃してはならない。被害が必ずしも大きな痛みや恐怖を伴うとは限らない。加害者からの非常に強い力の支配は，偽の親愛性の形をとることもある。愛情の乏しい家庭環境の子どもが，加害者の見せかけの優しさに，急激に依存していく場合がある。子どもは寂しさを相談し，慰められ，褒められる。あらゆる手段で子どもを支配していく手口はほぼ一定のパターンをもつ。いずれにしても支配されている場合は，外に話すことは少ない。言語的なNOの訴えや被害の報告ができないからといって，同意していることにはならない。

第3節　子どもの性的問題行動

1．理解されない性的問題行動──学校生活での対応

　子どもが性暴力被害を受けたあとに，性的な話題に没頭したり，他の子どもや大人に対して不適切な性的問題行動を示すことがある。被害を受けたすべての子どもが示すわけではないし，被害のない子どもが健常な発達の過程で性的な言動をすることもあるので見分ける必要がある。

　性的な問題行動の背景には，ケアされていないトラウマが潜んでいる。しかし，問題行動に目を奪われてしまうと対応を間違えてしまうので，正しい知識が必要である。性的問題行動の場合は，被害体験からくる症状が原因で，日常生活が困難になり，性的な行動をとることで性暴力被害を受ける危険性が高まる。

　時には，援助交際や売春，薬物乱用などの非行や犯罪に結びつき，より一層自分を傷つける事態に陥ることもある。また，被害者であった立場から次に自分が加害者になって，自分より年下の子どもや力の弱い立場の人に対して，性暴力を行うこともある。たとえ女子の被害者であっても，後に加害者になる事例も少なくない。時には，加害者の問題行動から加害者の被害体験が明らかになることもあるくらいだ。

> ### 事例5-7　実父からの性虐待を受けた生徒の問題行動
>
> 　実父から性虐待を受けた中学2年生の女子が，再登校するようになった。学校では，性虐待を受けた生徒をどのように支援するか検討がなされた。
>
> 　支援チームの教員たちが予想していたのは，ショックを受けて悲しげで弱々しく，元気のない姿であった。ところが，女子生徒は，普段通り登校したかと思うと，体調が悪くないのにすぐ母親に連絡し早退をする。授業も熱心な科目とそうでない科目の差が激しく，教科教員で差をつけている。学校行事には，最初は元気に参加するというものの，途

中で帰りたいと言い出し，遠くまで母親に迎えに来てもらうなど，わがままに見える状態がしばしば見られた。

　ある若い男性教員には，放課後ベタベタとつきまとい，相談といって2時間以上も居座り部屋から出ていこうとしない。さらにその教員に，ノートに何ページも被害と関係ないことを書いてきて返事を要求していた。ノートを渡すときなどは，ニコニコと上機嫌な様子であった。

　このような生徒の行動が理解できず，他の何も知らない生徒の手前もあり特別扱いをしていると言われないかと心配も出た。教員たちは，被害生徒の対応に疲弊し，苦慮していると報告された。

　次に，ケース会議で話し合った内容を示す。

　最も教員たちを戸惑せたのが，若い男性教員への生徒の態度であった。性虐待の被害者であれば，男性を怖がり臆病になるのではないかという予想を大きく裏切り，むしろ積極的に近づく姿が異様に映っていた。まるで自分から身を投げ出すような態度が，性虐待が本当にあったのかという疑念まで抱かせるほどだった。そのうえ，遅刻，早退などを当然のように繰り返すため，他の生徒に示しがつかないと生徒指導専任らの怒りも加わった。

　身体的外傷であれば傷が見えやすいが，トラウマは目で見て確認できるものではない。きちんとできない，だらしない生徒としての評価がなされようとしていた。

　女子生徒の被害の始まりは，小学4年生からであったことを考えると，自我の発達がその時点で阻害されていた可能性があり，中学2年生になりやっと保健室の養護教諭に言葉で伝えることができたわけである。母親が気づいていなかったという話で，これは母親のネグレクトに該当する。事実を知った母親は子どもに謝り，夫とはすぐに別居をし，母と娘の生活が始まった。

　女子生徒にとって，母親がどの程度自分のことを心配してくれるのか，見ていてくれるのか試したくなる気持ちがあるのだろう。女子生徒は性暴力被害が始まった，小学4年の当時の発達段階で発達が留まっており，その時点からさらに退行を起こしているなら，甘えたような言動は小学校低学年の態

度と考えてもおかしくはないし，幼くなるのはトラウマからくる症状である
と説明したところ，教員らの理解が一気に進んだ。わがままに見える行動
は，理由があり，意味のあるものだと判明したからである。

　若い男性教員への態度も，親密な関係を形成するのに必要以上に接近する
傾向は，長い間学んできたそのパターンの再現であると理解すべきだろう。
「信頼関係を築くのに，何度も試したり，過剰に自分の何かを差し出したり
奉仕する必要はない」ということを学び直す機会を，学校で作ることの大切
さを確認した。ノートへの書き込みも，やがて自分の口で話せるようになれ
るようにと，気持ちの言語化を促進するように寄り添うことを提案した。

　生徒の大切にされたいという気持ちを受け止め，「良い子」を求めるので
なく，あるがままの姿を肯定しながら枠組みを作り，互いに安全な距離で交
流する準備をしていく体制を，支援チームで取り組むことを最終的に共有す
ることができた。

　性虐待という現実は，教員たちの心もひどく傷つけていたのである。被害
の実情に学校生活の中でなかなか気づけなかった自責の念が強く，生徒の傷
つきに対する悲しみ，怒りの感情や無力感を掻き立てられていた。自分たち
の傷つきを指摘された教員たちからは，大きなため息がもれた。まず，生徒
への対応を考え，より良い支援を提供して，回復の手助けに何ができるかに
気持ちがいってしまう。自分たちの衝撃や動揺，混乱を受け止めることが手
薄になる。むしろ，そのような態度や感情は示すべきではないと感じている
かもしれない。ケース会議では，教師の心情を率直に指摘することで振り返
りができ，初めて生徒の言動に対する感情的な不満が，教師自身の傷つきと
関係していることが，理解できたところもあったように感じた。

　ケース会議は，被害生徒やその保護者のためでだけでなく，このように教
員らのメンタルケアを実施しながら，秘密保持のあり方，周囲の生徒への配
慮，問題行動への対応など，さまざまな問題を扱っていく姿勢が求められる。

2．PTSD

　子どもの心的外傷後ストレス障害（Post-Traumatic Stress Disorder：
PTSD）とは，『精神疾患の統計・診断マニュアル 第5版（*DSM-5*）』の基

図5-1　トラウマ反応の四つの中核症状

準によれば，実際にまたは危うく死ぬ，深刻な怪我を負う，性的暴力など，精神的衝撃を受けるトラウマ（心的外傷）体験に曝されたことで生じる，特徴的なストレス症状群のことをさす。診断基準では，成人，青年，6歳を超える子どもの場合と6歳以下の場合が示されている（APA, 2013＝2014）。

　PTSDは，「侵入症状」「回避症状」「認知や気分の陰性変化」「過覚醒」という四つの症状が，少なくとも1カ月以上継続し，社会生活や日常生活に支障がある場合に診断される（図5-1）。

3．学校でのケアと配慮

　性暴力被害を体験した子どもとその保護者の治療において，最も重要なことは，「安心と安全の保障」である。何か特別な支援を提供するという以前に，学校教員や被害者の周囲にいる生徒たちが「子どもや家族を傷つけない」ということに注意を払う必要がある。また，被害を受けた子どもと家族が，「自分でコントロールできている」という感覚を取り戻すことが，治療や支援目標の一つとなる。

　たとえば，被害生徒に配慮を欠いた例として，下記のような事例がある。

事例5-8　終業式で生徒全体への注意事項に傷ついた女子中学生

　1学期の終わりごろに，塾の帰りに見知らぬ男に車に押し込まれ，性的暴行を受けて数時間後に自宅付近で解放された。犯人は逮捕されたが，起訴まではまだ時間がかかる状態で，被害生徒とその家族は不安な日々を過ごしている。

　1学期の終業式に，夏休みの生活における注意として，ある教員から「夜，一人で出歩かないように。また知らない男性などに声をかけられても，気軽に対応しないようにして自分の身を守りましょう」という発言があった。被害の女子中学生は，自分のことを生徒全員に向けて言われ，なおかつ自分がついて行ったから被害に遭ったと皆の前で責められている気がして，帰宅後「学校に信頼がおけない」と母親に訴え，号泣して落ち込んでしまった。

　母親が学校に連絡すると，校長は「夏休みの注意事項を説明した教員は，当該性暴力被害事件のことは知らされていなかった，プライバシーを守るため一部の教員（校長，担任，養護教諭など）で対応していた。さらに，終業式でそのような内容が告知されることは，教員全体には知らされなかった」と説明をした。

　学校全体の行事や活動と，個人への心情配慮はいつも完全に一致するとは限らない。しかし，このような場合は，被害生徒と保護者に対して事前に，終業式での安全指導で夜の外出について説明することを話し理解を求め，その内容について確認する。指導の際に，その場にいることが可能かどうか確認をとり，いたくない場合は別室を用意する。この指導は，個人のことを言っているのではなく生活の安全指導であると丁寧に説明し，同意を得るなどの配慮をすることが求められる。

　何気ない声がけ，良かれと思ってかけた言葉や行動が，二次被害を与えてしまう場合がある。性暴力被害を受けるということは，セルフコントロール感を奪われ，人権を無視され，無力な自分に陥れられたと感じさせるもので

ある。この深い傷に，被害者自身が気づいていないこともある。日常的な感覚では些細なことかもしれないし，当たり前のことでも，周囲の人々は被害者がどう感じるかを考え，察する気持ちがないといけない。まずは，これでよいのかと考える力や，疑問を抱く柔軟性が求められるため，その準備には公衆衛生的な活動として，トラウマインフォームドケア（第2章）が，重要になってくる。

さいごに

　子どもの性暴力被害からくる心身の不調，PTSDなどの治療については，新たな治療法が開発され実践されてきている。特にトラウマに関する多様なアプローチが注目されている（奥山，2019；藤森，2020）。

　学校現場で，被害に遭った子どものトラウマの心理療法や医療的な治療の実践はできない。しかし，子どもの心理的状態を理解し安全で安心な環境を与えることは，回復への大きな手助けとなり，それは他の支援に代えがたい貴重なものとなる。教職員，心理専門家，医師，ソーシャルワーカー，警察官や被害者支援の専門家などが連携していくことの重要性を認識して，それぞれの立場から子どもを支えていくネットワークを作り上げることを望んでいる。

【引用文献】
American Psychiatric Association（2013）. *Diagnostic and statistical manual of mental disorders: DSM-5*（5 th-ed.）.〔日本精神神経学会（監）（2014）. DSM-5 精神疾患の診断・統計マニュアル. 医学書院，269-272.〕
藤森和美（2020）. 子どもの性暴力被害からの回復──保護者が知っておきたい心のケア. 武蔵野大学心理臨床センター紀要，印刷中.
藤森和美・野坂祐子（編）（2013）. 子どもへの性暴力──その理解と支援. 誠信書房.
内閣府（2018）. 子どもの性被害防止対策に関する世論調査. 内閣府政府広報室
　〔https://survey.gov-online.go.jp/h30/h30-kodomo/gairyaku.pdf〕（2019年7月）
奥山真紀子（2019）. 子どものトラウマ診療ガイドライン. 子どもの診療ネットワーク事業 中央拠点病院 国立成育医療研究センター こころの診療部.
　〔https://www.ncchd.go.jp/kokoro/disaster/to_torauma_Ver3.pdf〕（2019年3月）

第6章
災害・事件・事故の危機介入

【澤地都志子　松浦正一】

　人はたいてい，明日もごく普通の一日が訪れるものだと思うもので，それ
は良い意味で，精神的な安定をもたらす。しかし，地震や洪水のような自然
災害，交通事故や死傷事件，学校内の事故などが起きてしまうことがある。
また，家族・教職員の死去や犯罪加害事案なども起きる。近年では，ネット
犯罪や性的事案，虐待も学校を揺るがす出来事となっている。

　このような出来事（災害や事件・事故などの突発的で非日常的な出来事）
が起きてしまったとき，衝撃の影響から回復するには，安心・安全・信頼で
きる場と人間関係が再構築される必要がある。

　本章では，実際の危機介入の方法と，管理職をはじめとする教職員への支
援のあり方について述べ，現場の役に立つことを願う。

第1節　災害・事件・事故による，影響の特徴

1．災害

　1995年の阪神・淡路大震災から「心（こころ）のケア」という言葉が使わ
れるようになり，その活動が広まった（藤森，2006）。その後，事件・事故
に子どもが巻き込まれる，あるいは，目撃するといった出来事に対しても心
のケアが求められるようになってきた。阪神・淡路大震災の当時，被災した
児童生徒の心のケアや防災教育の充実のために，被災地の小中学校に教育復
興担当教員やスクールカウンセラーの震災関連の加配や派遣が行われ，心の
健康管理のための実態調査や研修会などが行われた。こうした取り組みが行
われていながら，1年半後に心のケアを必要とする小，中学生は3,812人で

被災後の不眠や情緒不安定に悩んでいたと報告されている（震災復興調査研究委員会，1998）。

　さらに馬殿（2005）の検証報告では3年，4年後がそのピークで小，中学生で4,104人，4,105人であった。同検証報告の中で「児童生徒への緊急的心のケアへの対応」，「心のケアを必要とする児童生徒の増加」への対応，「二次的影響により心のケアを必要とする児童生徒への対応」が，実現できなかった取り組みであった。その原因として震災直後，教職員が避難所運営や学校教育の復旧等に忙殺され，児童生徒の心のケアに十分な対応ができなかったことや必要な機関への紹介が遅れたこと，当時は心のケアの必要性について十分な認識がされず，初期のきめ細やかな対応につながらなかったことなどがあげられている。

　このような災害による学校危機に関する実践報告や研究は，阪神・淡路大震災以降，心のケアの取り組みとともに発展してきた。これらの研究をみると広域にわたる危機は個人に多大な影響を与える。そのため生活面や心理面における安全と安心の確保が難しくなる。

　元村（2007）は，災害後の子どもの心のケアについて被災体験の結果，子どもたちにさまざまなストレス反応が生じることを記している。最初は身体症状を含め不定形な症状が出て，やがて災害を再体験し（侵入），気持ちが張りつめ，いらだちや不眠になったり（過覚醒），現実感を失い人とコミュニケーションができなくなったりする（麻痺）症状がみられたり，一部の子どもはうつ，不安，不眠などの症状だけが残ることがある。これに対して，侵入，過覚醒および麻痺などの症状が1カ月以上持続する場合は心的外傷後ストレス障害（Post-Traumatic Stress Disorder：PTSD）の可能性がある。発達段階によってもストレス反応の変化がみられ，年齢別にみた反応に特徴があることを示している（表6-1）。

　このように災害による心理的な影響は長期にわたり，しかも被災したことによるストレス反応は多岐にわたる。地域レベルの危機であるがゆえに，まずは専門家による心理療法よりも安心・安全な生活面への適切な配慮が心のケアの第一歩となる。つまり，災害における心のケアは初期対応においては衣食住にかかわる生活場面での安全・安心の確保が大切であり，次に心のケ

表6-1　年齢別にみたストレス反応（元村，2007; 野坂，2008 を統合して作成）

年齢	ストレス反応
2歳半まで	夜中に目がさめる，音への驚愕反応，出来事を思い出させるような状況を避けるあるいはそうした状況で驚愕反応を示す，トイレのしつけがうまくいかない，ぐずる，泣きわめく，強情になる，分離不安，退行，行動や遊びに外傷の記憶があらわれる
2歳半から6歳まで	身体症状（例：頭痛，鈍痛や鋭い痛み，発疹），出来事を繰り返し話題にする退行，分離不安，睡眠障害，悪夢，夜驚，外傷イメージの侵襲的な回想，ひきこもり，無口，集中力の困難，興味の減退，外傷体験を再現する遊び，出来事の混乱した理解や魔術的解釈
6歳から11歳まで	身体症状（例：頭痛，鈍痛や鋭い痛み，発疹，心身症），外傷の出来事を繰り返し語る，予期不安や恐怖の表出，出来事の再現，退行，侵入，集中力の低下，攻撃的な態度，興味の減衰，睡眠障害，引きこもり，自罰的な理解，行動・気分・性格の変化，親への過敏な反応，登校しぶり，食欲の増進や減退，トイレの失敗
11歳から18歳	心身症的な症状（例：吹き出物，便秘，頭痛，喘息），心気症，睡眠障害，摂食障害，無月経や月経困難症，外傷の再現，恥と罪責感，低い自己評価から距離をおく，代償的な活動性亢進，事故多発，無気力，人間関係の変化，大人になり急ぐ，家庭への引きこもり

アが必要となる。さらに中長期にわたって配慮や対応が求められるのである。

　そして，ストレス反応は災害だけではなく，事件・事故といった突発的で衝撃的な出来事に対しても生じることであり，災害と事件・事故を分けて考えることは難しい。そこには連続性があり，事件・事故であっても災害と同じレベルの衝撃度を学校にもたらす出来事もある（たとえば，大阪教育大学附属池田小学校事件，亀岡市暴走死亡事故など）。

　また注意しなければならない点として災害では，支援者自身も被災者であるということがある。被災していることでストレスを抱えつつも，支援者としての活動を余儀なくされる。そうして，過度に負荷がかかっている状態であるため，精神的なストレスは相当のものである。適当な息抜きや休息を意識的に取る必要がある。その管理者は，部下のメンタルヘルスを気遣うこと以上に自身のメンタルヘルスにも敏感である必要がある。管理者が休息を取らなければ，部下も取りづらいということにも意識を向けてもらいたい。

そして，災害において学校が避難所になることがある。その際，教員は避難所支援を行うことになる（学校等の防災体制の充実に関する調査研究協力者会議，1996）。避難所運営に関しては，人員が不足していなければ教員による支援は必要ない。しかし，人員が不足していれば教員が支援することになる。災害の規模や自主防災組織の有無などによって，学校による避難所支援の状況は大きく変動する可能性がある（橋本ら，2005）。

　松浦（2007）は東日本大震災の際に，勤務校である中学校が，被災者や帰宅困難者の避難所となった経験から，学校が避難所としてどのように機能したのかを報告している。発災後，その中学校が避難所となりそこから2日間は避難所の運営を教員でとり行っている。昼夜を問わず運営した教員は，心身ともに疲弊していた。

2．事件・事故の影響の特徴

　事件・事故は，突然起こり，誰がどのような影響を受けるか，を予測するのは難しい。

　出来事について，学校危機の衝撃度の面でまとめたものが表6-2である。これには，個人への影響の大きさや深刻さは反映されていないので，レベルの程度とケアの困難さは必ずしも一致しない。ただ，河野（2007）は，これまでの緊急支援の経験から，レベルⅠであれば，スクールカウンセラーで心のケアは概ね可能と考え，レベルⅡ以上になると，教育委員会がカウンセラーなどの専門家を臨時に派遣する必要が生じるとしている。その際，最初の3日間の必要な人数（専門家を含まない）の目安は，レベルⅡからⅢ弱であれば常時2人以上の職員を，レベルⅢ強であれば常時3人以上の職員を，レベルⅣ以上であれば常時4人以上の職員が必要だとしている。また，派遣する職員は，危機対応の現場経験を積んでいる者がよく，現場経験を積んだ職員を，教育委員会は保有しておくことが望ましいとしている。

　このように，危機レベルを見立てることで，専門家の臨時配置の人数や支援期間の推測に役立つ。つまり，危機レベルを見立てることは，緊急支援において見通しを持つことにも役立つと考えられる（全国精神保健福祉センター長会，2016）。

表6-2　学校の危機対応のレベル（全国精神保健福祉センター長会，2019）

●学校管理下　○学校管理外

事件規模	レベル	事案例
大規模	VI	●北オセアチア共和国学校テロ
	V	●大阪池田小事件
中規模	IV	●佐世保市の小6殺害事件（全国マスコミ殺到）
		●寝屋川市教師殺害事件（〃）
		●仙台ウォークラリー事故，3人死亡，20人以上重軽傷（〃）
		●京都宇治小侵入傷害事件（〃）
		●光高校爆発物事件，数十人救急搬送（〃）
	III強	●校内での飛び降り自殺，目撃多数，学校に報道殺到
		●小学校のプールで死亡，児童目撃多数，学校に報道殺到
	III弱	●児童の列に車，1人死亡，2人怪我，目撃数名，学校に報道多数
		○親子心中事件，学校に報道多数
小規模	II	○親子心中事件，学校に取材無し～僅か
		○自宅での自殺，学校に取材無し～僅か
		●体育中に児童が倒れ，搬送先の病院で死亡
		○夏休み中に川での水の事故，複数児童目撃
小規模以下	I	○家族旅行中の交通事故で児童死亡
		○自宅で家族の自殺を児童が目撃

　地域で起きた出来事は，当然学校へ影響を及ぼす。学区域で事件が起き，加害側（容疑者）の身柄が確保されていない場合，地域全体が不安に襲われ，休校や登下校の見守りの強化や行事の見直しが必要となることもある。また，加害側が学校関係者である場合や，学校管理内の事故では，学校の責任が問われ，裁判にまで至る事案もある。

第2節　平時の備えと緊急時の役割分担について

　災害や事件・事故が起こってからの支援も大切であるが，起こる前の準備（preparation）も大切である。つまり平時の備えが重要であり，防災訓練や

避難訓練はその例である。災害や事件・事故における緊急支援にとっての準備とは，危機対応チームのような，組織や役割分担を事前に決めておくことと，そのための訓練（研修）ということになる。支援者のための研修については第10章を参照のこと。

　緊急支援チームにおける組織については，学校外と学校内の支援チームがある。災害や事件・事故によって児童生徒が被害に遭った場合，学校内には学校長を中心として危機管理委員会が立ちあげられることになる。危機管理委員会は，あらかじめ構成員が決められていて，事後に対応することになる。ただ，災害についてはある程度，危機管理マニュアルができていて，訓練も行われているが，事件・事故については十分とはいえない。そのような事案に対して校内の危機管理委員会（以下，学校内の危機対応チーム）で対応できるのは，危機レベルⅡ以下である。それより高い危機レベルの場合は，教育委員会や学校外の支援チームに支援を要請する必要がある。学校外の支援チームについては，どのような手続で支援を要請するのかを，あらかじめ確認しておく必要がある。

　また事前の準備として，サイコロジカル・ファーストエイド（以下，PFA）がある。これは，災害も含めて危機に陥った人の，尊厳や能力を生かした方法での，安全な支援のあり方を提示した危機支援のガイドラインである（ストレス・災害時こころの情報支援センター，2019）。これは専門家だけを対象としたものではなく，危機に陥った人にかかわるすべての支援者や救援者がもつべき，基本的姿勢と知識を提供するものである。

　PFAの活動原則は3L，すなわち「見る（Look），聞く（Listen），つなぐ（Link）」で表され，この3Lに準備（Prepare）を加え効果的に支援が行われる（表6-3）。この活動原則は，状況を見て観察し（アセスメント），耳を傾け（共感的，支持的な関係作り），必要な援助への橋渡し（介入）を順次実施することである。この順番が，ケアをする者がもつべき態度であり，介入技法をどのような順序でつないでいくかのヒントになる。その順序でつなげることが，ケアの態度であるという指摘もある（堀越，2013）。いわゆる「こころのケア」には，医療・福祉的な専門家の介入による「助ける」という測面と，社会・心理的な人道的支援によって「支える」という側面の二

表6-3 子どものためのサイコロジカル・ファーストエイドの活動原則

(Save the Children, 2019 をもとに作成)

準備	●危機的な出来事について調べる ●その場で利用できるサービスや支援を調べる ●安全と治安状況について調べる
見る	●安全確認 ●明らかに緊急を要する対応を必要とする子どもがいないかを確認する ●深刻なストレスを抱えている子どもがいないか確認
聞く	●支援が必要と思われる子どもに寄り添う ●子どものニーズや気がかりなことについてたずねる ●子どもの気持ちに耳を傾け，気持ちを落ち着かせる手助けをする
つなぐ	●基本的なニーズが満たされ，適切な支援やサービスが受けられるように手助けする ●自分で問題に対処できるように手助けをする ●子どもを大切な人や社会からの支援につなぐ ●情報を提供する

つがある（金ら，2013）。この意味でPFAは被災者の回復力を支援するためのプログラム，つまり「支える」プログラムといえる。

PFAにはサイコロジカル・ファーストエイド学校版（Psychological First Aid for Schools：以下，PFA-S）もあり，そこには障害があって個別の配慮を受けているような，特別なニーズをもった子どもたちに対する配慮事項が記されている。これは子どもの能力や障害特性に配慮して，PFA-Sの技法をそのまま使用するのではなく，修正が必要であることを示している。

また教員の立場（校長や管理職，学校教員，養護教諭など）によって，PFA-Sを実施する際の助言も記されている。そして，こうした支援者に対する支援（人員，レスパイト，手段）の提供を重視している（詳しくは第9章を参照）。

またPFA-Sは個別に提供するだけでなく，集団へ提供する場合のガイドラインも掲載している。たとえば，全校集会を行う場合に10〜20人の児童生徒に対し，1人の大人が補助として付くことが記されている。学校長の役割としては①事件に関する情報を提供する，②入手可能な支援を説明する，③起こりうる反応に関して心理教育を施すこととしている（Brymer et al., 2012＝2017）。現在の日本の学校で，学校長がこれらの役割を果たすまでに

は至っていない。学校内の危機対応チームで，これらの役割の一部を担う必要があるだろう。

授業中に PFA-S を実施する場合，①児童生徒に必要な情報を提供し，②対処法を教え，③生徒同士で支え合う機会を作ることができるとしている。

対処方法については，心理教育を行うこと，他の児童生徒が行っている対処法を伝え合う，1対1の支援サービスの紹介，セルフケアのための習慣や日課を続けることをうながす，などが記されている。対処法については，ストレス反応に関する心理教育やリラクセーションについても紹介されているが，詳しくは PFA-S の「対処に役立つ情報」（Brymer et al., 2012=2017, pp.57-69）を参照するとよいだろう。

PFA-S については兵庫県こころのケアセンター（2017）で，子どものためのサイコロジカル・ファーストエイドについては Save the Children（2019）のホームページでその内容を閲覧できる。PFA については兵庫県こころのケアセンター（2009）やストレス・災害時こころの情報支援センター（2019）のホームページから閲覧が可能である。

第3節　実際の危機介入

危機対応と心のケアは，同時に進行するが，必要度が増す時期に違いがある。安全・安心な生活を取り戻す時期には，危機対応が優先され，その後，心のケアの必要性が増す。単発の事案の場合は，危機対応が始まってから，おおむね3日程度で，状況が安定してくる。心のケアも，適切な対応があれば，1週間程度でほとんどの人が落ち着いてくるが，回復には個人差があり，時間を必要とする場合もある。1カ月から半年，場合によっては年単位での長い期間が必要となることもある。

出来事が短期間で収束しない場合は，危機対応の時期が長くなり，心のケアもそれに応じて長くなる。たとえば，大きな余震が続く，殺人事件の容疑者が逃亡している，避難生活が続く，などが，その例である。

危機介入時には，二次災害・二次被害の防止を基本に，場のケアと，心のケアの導入が行われる。

学校が通常どおりの生活の場となること，それ自体が心のケアの基盤となる。筆者らが活動している横浜市では，これを「場のケア」と名付けている。学校を安定させ，教職員のもつ力を最大限に発揮できるように支援することを意味する。支援に入るカウンセラーは，事案によって個別の相談や面談にも応じるが，学級担任をはじめとする教職員を支援し，教職員自らが子どもたちのケアに当たる支援も目指している。

　表6-2にある，レベルⅠ，Ⅱは，担任や学年主任，スクールカウンセラー（SC），養護教養，生徒指導主任，教育委員会の指導主事などにより対応可能な場合が多い。一方，レベルⅢ以上の事案になると，心のケアだけでなく，学校運営にかかわる面でも支援が必要となる。短期間で学校の機能を取り戻すために，横浜市では，スクールスーパーバイザーと呼ばれる，危機介入の経験豊富な専門家と指導主事，カウンセラーがチームとして派遣される。近年ではスクールソーシャルワーカーが加わることもある。

　また，レベルⅠ，Ⅱであっても，事案の深刻さや影響の大きさによっては，専門的な支援を得た方がよい場合もある。支援を求める人が多いと予想される場合には，臨時のカウンセラーの派遣も考える。

　危機介入の場合，当該校のSCは学校外の支援チームに入らない方が望ましい。当該校のSCは，出来事以前からの相談活動の継続と，中長期ケアの中心的な担い手となるからである。

　危機介入の期間は1〜3日，長くても1週間である。危機対応の初期に支援することで重要なことは，学校を支え，日常の学校生活を取り戻し，心のケアへの移行を速やかに行えるようにすることである。

　心のケアは，危機介入以降は，中長期ケア，という形で当該校のSCが担う場合が多い。中長期の支援は学校が対応しつつ，必要に応じて専門機関と連携しながら進められる。

　次に場のケアと心のケアについて具体的な留意点をみていく。

1．場のケア

A．学校行事・授業内容・部活動・学級や学年経営・教職員の配置などについての変更・見通し

死亡事案・地域の状況・事案の収束状況などと，校内のニーズを考慮し，学校行事や授業内容，部活動の変更や中止を決める。再開の見通しも立てられるとよい。

学校行事や授業内容，部活動などについて検討を行うことは，二次災害の防止，子どもと保護者を，流言や心ない注目や，心ないマスコミの取材などから守る意味ももっている。

B．情報収集と情報発信の注意

正確な情報を整理し，共通理解しておくことで，間違った報道や流言，抱えなくてよい不安の解消につながる。特に，客観的事実と，情報を入手した時間のずれに注意したい。

また，情報収集役と情報発信役を置き，窓口を一本化する。刻々と変化する情報を整理し，誤った情報が外部に流れないように対応する。つまり，マスコミ対応，問い合わせ電話への窓口の一本化と，対応時に伝える内容の整理が必要である。

近年では，SNSなど，インターネット関係の対策が重要になる（山田，2017）。関係者が情報を流すことは論外だが，子どもや保護者へも周知する。インターネット上での間違った書き込みに対し正しい反論をしても，さらに傷つけられる例が数多い。書き込みは見ない・書き込まないは，流言対策と，書き込みによりさらに傷つく（二次被害）人を出さないための，二つの意味で必要な対策である。

C．対応の必要な人の見立て

心のケアを計画するために，第一に必要なことは，影響を受けた人を見つけ出すことにある。

　⑴直接被害を受けた人
　⑵直接被害は受けていないが，目撃，音，匂いなどで影響を受けた人

(3)直接被害を受けた人や出来事と近い関係・関連がある人

(4)出来事で被害を受けた人を支援した人

(5)出来事が起きる前から，支援が必要な人

(6)家庭や個人的にストレスがある人

　これらは，子どもや保護者だけでなく，学校関係者についても検討する。出来事により影響を受けた人を見逃すことなく対応するために重要である。

D．管理職・教職員への支援

　場のケアの観点から，管理職と全教職員の力は欠かせない。管理職は，地域や教育委員会，関係機関との連携から，学校から子どもや保護者への情報発信，出来事に関係した人への対応など，多岐にわたる課題に対応しなければならない。事案によっては，保護者会・記者会見を計画することもある。

　教育委員会との連携はもちろんだが，緊急支援経験者からのアドバイスは役に立つ。前例をもとに，文書作成，講話内容などを作成できるからである。また，被害を受けた家庭や遺族への最大限の配慮へのアドバイスも重要である。ちょっとした言葉遣いで遺族を傷つけたり，家族に寄り添いすぎて無理な約束をしたりすることを避けたい。また，出来事からの時間経過により，家族の気持ちや考えが大きく変化することもあり，それへの対応についても経験が大きく役に立つ。

　危機介入時に，カウンセラーなどとの面談を拒む教職員がいる。教職員は子ども優先で，自分は大丈夫，時間がない，などがその理由になる。そのため，出来事と近い関係・関連がある教職員を面談につなぐ際には，「学級の子どもたちの様子を教えてほしい」などの声かけから始め，場のケアへ力を発揮してもらうために，必要な支援を一緒に探し，提供する配慮が必要となる。

　出来事によっては，校長から事実の報告をすることがある。その後に，クラスの子どもたちにどのような話をすればよいか，子どもたちの様子の見立て方など，未経験者には難しいこともある。自信をもって子どもや保護者対応をできるよう，学校外の支援チームを利用するのがよい。

2．心のケア

　心のケアは，場のケアを通して，安全・安心や信頼関係の回復が図られながら行われる。

　思いがけない出来事が起こると心や体や考え方や気持ちに変化が起こることを理解すること，安全・安心・信頼関係が回復すること，周囲が理解ある対応をすること，無理のない範囲で通常の日常生活を送ること，は，心のケアの第一の対応である。事案が生じた場合，このような対応が適切に図られると，おおむね一週間程度で回復していく場合が多い。一方，事案によっては，面談や，専門的な支援を必要とする場合もある。

　集団の中でのケアと個別のケアが考えられるため，誰にどのような支援をどこで誰が行うか，ケアプランを立てていく。

　なお，虐待についての具体的な支援は第4章，性暴力被害は第5章も参照のこと。

A．子どもたちの居場所の確保

　学校に子どもがいる時間帯に出来事が起きた場合，子どもたちの安全確保の場が必要となる。基本は在籍する教室がよい。

　大きなスペースに大勢を集める方が，見守る教職員の数が少なくて済む。しかし，異常な事態（表6−2におけるレベルⅢ以上）の場合，大勢が一堂に集められると，集団心理が望ましくない方向へ働くこともある。学年全員で体育館へ避難していたときに，一人の女子の過呼吸が連鎖し，10人以上が搬送された，という事案もあった。

　安心・安全な場所で，読書や視聴，簡単で安全な作業などができると，なおよいだろう。

B．個別に過ごせる場の確保

　大きな影響を受け，集団の中にいるのがつらい子どもや，話をしたい子どものための場所を確保する。小集団でいられる場と，個別面談のできる部屋があるとよい。支援に入るカウンセラーの人数分部屋があるとなおよい。

C．心の動きや見通し，手当について説明（心理教育）

　子どもたちには，「テレビやマンガの中でしか起きないと思っていたこと

が，自分の身近なところや学校で起きてしまった」というように語りかける
が，思いがけないことに出会ったときに，当然起こりうる正常な反応があ
る。表6-1あるいは「心だってケガをすることがあります」（全国精神保健
福祉センター長会，2019）を参照いただきたい。

　これを伝えるのが，危機介入時の心理教育である。

　横浜市では，教職員に心理教育を行い，子どもへの対応の手立てと，教職
員自身のケアに役立ててもらう。また，事案によっては保護者に「心だって
ケガをすることがあります」（全国精神保健福祉センター長会，2019）を配
布する。同書は子どもの反応を理解し，接し方のヒントとなると同時に，保
護者自身にも同じような反応が起こりうることも明記されている。

D. 緊急時の面談

　事案が起きたとき，学校が影響を受けた子どもや保護者と専門家との面談
を計画することはよくある。専門家なら，と話してくれる子どもや保護者も
多いが，信頼できる学校の先生と話をすることが，安心につながる場合が多
い。また，初めから専門家と面談をするように勧められたことで，それほど
心配な状況なのか，と，逆に不安になる子どもや保護者もいる。心のケアだ
から，とすぐに専門家に面談を依頼するのではなく，事案内容，子どもや保
護者の受けた影響，教員などとの信頼関係などを考慮して面談を計画するこ
とが望ましい。面談の担当者には，現担任だけでなく，旧担任，養護教諭，
顧問教師，など，話す人が安心できる人を選ぶのがよい。

E. 面談の進め方

　緊急時は通常の面談とは異なる。出来事そのものにはできるだけ触れない
ように注意する。出来事を想起することは，記憶をより鮮明にし，固定化す
ることにつながりかねない。事案によっては，警察の事情聴取もあるので，
重複した内容にならないよう配慮する。また，記憶や考えに影響しないよう
質問にも配慮が必要となる。

　緊急時の面談では，①体調について②今感じていること③心配や不安なこ
と④気になっていること，を中心に聞いていく。

　客観的事実と異なる点がある場合には，話はさえぎらず，切りのよいとこ
ろで訂正する方がよい。

次に，心理教育の内容を簡潔に伝える。子どもたち向けのプリントを用意し，一緒に見ながら話すのもよい。

　そして，明日，あるいは休み明けに学校に来るまでに，どのように過ごせばいいか，不安や怖さへの対応方法を一緒に考える。「お母さんのそばに行く」「テレビをつける」など子どもたちが自分で対応策を考え出せることも多い。子どもが自分で考え出した対応策が適切である場合，それを支持することで子どもの自尊心や自己効力感などを高めることにつながる。

　最後に，家庭や学校の人はみな，力になりたいと思っていること，相談できる時間などを伝える。本人の落ち着きを確認して終了とする。

　緊急時の面談は1人1回20分前後で終了するのが望ましい。緊急時の面談の目的は次の3点になる。

(1) 安心・安全・信頼を取り戻す手伝いをする。今の状態は誰にでも起きることで，きっと良くなることを伝える。不安になっても自分で何とかできる自信をもてるようにする。
(2) その人の衝撃の大きさと深さを知り，専門機関利用の必要性の有無を量る。
(3) 次に登校するまでの安全の確保と，相談手段を明確にする。

　面接から得られた情報をもとに，その子どもや保護者への心のケアプランを作成する。

3．配慮が必要な事項
A．葬儀

　遺族の意向が第一となるため，参列を見合わせることもある。家庭によっては，子どもを葬儀に参列させることに不安をもつ場合もあるが，葬儀に参列することは，一つの区切りとなる場合が多い。友人の死を事実として突き付けられ，つらさが増す場合もあるが，心情を吐露するきっかけになる場合もあるので，必ずしも悪いことではない。葬儀に参列するしないは，個人と家庭の判断にゆだね，参列しない場合や，参列しても途中でつらくなった場

合に，亡くなった方を悼む気持ちの表し方や，お別れの方法を考えることも大切だ。

B. 教職員の不祥事

教職員の不祥事は，現場の専門職の自信を傷つける。特に盗撮，万引き，体罰などのダメージは大きい。飲酒や金銭の使い込みでは，仲間として自責の念を抱く人も多い。同じ職種であっても，自信を取り戻し，子どもや保護者へ対応できるための支援と配慮が必要となる。

C. 加害側が学校関係者である場合

学校の子ども，保護者，教職員が加害者と呼ばれる立場になることは，学校全体に影響を及ぼす。気をつけたいのは，その人をめぐり，対立関係を作らないことである。たとえば，子どもたちが遊んでいて怪我をした場合，怪我をした子どもの担任に，怪我をさせた子どもの担任が謝罪することは，当然考えられることだが，教員の間に加害側・被害側といった関係が生じることは避けるべきである。教職員の不祥事などの際には，擁護派と糾弾派，という対立が，子どもたちや保護者間にも起こりうる。

どちらとも長引けば，学級・学校運営に影響を及ぼす。冷静な判断と公平な感性が求められるので，客観的で，専門的な立場からの助言は不可欠となる。

また，加害側の家族への支援は他機関へゆだねた方がよい場合が多い。被害者側にも周囲にも，被害側のケアが優先されるべきで，加害者側がケアを受けることは考えられない，という見方があることは理解できる。客観的には，加害側にも支援やケアは必要なのだが，支援者側への不信感や被害者側の二次被害を引き起こす可能性を減らすためにも，外部での支援を考えたい。

D. いじめ調査

いじめはもちろん，自死の場合も文部科学省の定める調査が必要となる場合がある。情報収集は困難な場合が多いが，あとから新たな情報が出てくることは，不信感を生み，学校全体に影響を及ぼす。気がかりな点，振り返って気づいた点なども含め，情報を集めたい。

結果の断定は慎重に行う必要がある。「ない」ことの証明は難しい。ま

た，隠し事は，心に大きな負の影響を及ぼす。特に子どもへの影響は大きく，心身に不調をきたし長い治療が必要となる場合もある。

調査は慎重で丁寧に，しかし，迅速に行われる必要がある。

E．自死対応

自死事案では，遺族から病死としての対応を求められる場合がある。特に，子どもの場合は，事故と自死の区別が困難な事案も少なくない。

理由が何であれ，亡くなった方を悼み，つらい思いをしている人へ配慮する点では，なんら変わりはないと考え，対応することが必要になる。重要なのは，尊い命が失われたことへ思いを寄せることであり，そこに立ち戻って，心のケアに臨むことである。

第4節　専門機関・他機関との連携

事案によって，さまざまな機関との連携が必要となる。出来事直後は，警察・消防・医療機関が主となる。その後，状況に応じて，児童相談所・子育て支援機関・保健センターなどとの連携が始まる。

平時から連携を取っている場合がほとんどと思われるが，第7・8・9章も参照のこと。

また，頭痛・腹痛・不眠・食欲不振などの身体症状は，程度と時期に応じて，受診が望ましい。はじめに受診する医療機関は，内科や小児科など，かかりつけや，校医などでよい。校医へ学校での出来事を連絡しておくと，出来事の説明をせずに済み，受診者の負担を軽くできる場合もある。必要に応じて医師から，心療内科や精神科への受診を勧められる場合もある。

第5節　中長期のケア

1．学級運営

通常の学校生活が戻ってきてからも，支援を必要とする子どもたちが出てくることがある。大きな衝撃を受けた場合，それを表出するには，時間と力が必要となる。子どもや保護者面談では，1カ月，1年以上たってから，自

分に起きた出来事が語られることもある。数年にわたり，聴く構えを作って
おく必要がある。

　また，回復の時間には，個人差が大きい。特に，事案との関係が深い子ど
もや，支えの薄い，不安定な状態にある子どもは，回復に時間がかかること
が多い。

　死亡事案の場合，亡くなった子どもの持ち物や掲示物，机や名前をどう扱
うかなども大きな課題となる。近年は，子どもの机に花や写真を置くことは
少なくなったが，持ち物や掲示物の返却の時期，席替えの際に机をどうする
か，学年が上がるときの対応なども課題になる。ある事案では，出来事から
3年間クラスの一員とし，卒業式も迎えている。

　いずれの場合も，遺族の思いを踏まえながら，子どもたちと一緒に考える
ことが基本である。よりつらい思いをしている人を第一に考える視点から，
まだ回復していない人に何ができるか，一番つらいのは誰か，ご遺族はどう
思うかなどを考えてもらう。亡くなった子どもの机がなくなったらどんな気
持ちになるか，悲しく感じる人は誰か，など，子どもたちに投げかける。今
までかかわった事案では，大人の判断で対応した場合よりも，子どもたちの
話し合いの結果に基づいて対応した場合の方が良い方向へ向かうことが多
かった。子どもたちの力を信じ，考えさせることで，子ども自身のケアの力
を発揮させると考えられる。

2．学校運営・申し送りなど

　中断していた行事の再開や，行事計画変更などと共に，通常の生活が戻っ
ていく一方，入試を控えた子どもや保護者は，事案のせいで受験が不利にな
らないか，と不安になることも多いので，不安解消法を考えておく。また，
学年が替わる時期には，担任や学級編成に配慮を必要とする場合も出る。

　担任交代や進学の際には，出来事について，申し送りの方法を考える必要
が出てくる。どのような方法と内容であれば，申し送りできるかを，子ども
や保護者と丁寧に話し合いたい。

3．管理職・教職員のケア

　危機介入時，場のケアの観点から，担任・学年主任・養護教諭・生徒指導・教育相談担当・SC をはじめとする全教職員の力は欠かせない。

　一方で，教職員ら自らも大きな影響を受けている場合もある。担任している子どもが死亡しても，学級担任として学級経営を続ける必要がある。現場で救命活動に当たる，病院への付き添いをする，などで，大きな影響を受ける場合も多い。また，教職員自身がケアの必要な状況（本章第3節1のC）にあるなら，よりつらい思いをしながら子どもたちに向き合うことになるだろう。

　心のケアで子どもたちの反応が落ち着くころ，ようやく管理職や教職員による危機対応が終わると考えられる。そのため，全体としては，中長期ケアになってから，教職員への心のケアが始まる。これらは管理職が責任をもって行うとしても，その管理職の心のケアは，ほとんど手つかずになっている場合が多い。

　ある事案が起きたことをきっかけに，以前経験した事案が思い出され，調子を崩した教員は少なくない。緊急支援に関する研修会の途中で，優秀な指導主事が調子を崩したこともあった。これは以前の体験がロールプレイを通じてよみがえってしまったためだった。また，ある事案を乗り切った校長が，次の赴任先で同様の事案に際した場合に，以前の事案のダメージがぶり返し，かなりの外部支援が必要となってしまった事案もあった。支援する側も事案ごとに心のケアを受けることが望ましい。

　支援が落ち着いたときに，小グループで反省会のような，分かち合いの場を設け，お互いをねぎらうことは大切だ。専門家も入ることができればさらによい。また，以前の状態に戻れない場合には，SC や養護教諭，管理職などと話し合い，対応を考える必要がある。公立学校の教職員の場合は共済組合で提供している健康相談事業を活用するように勧めるという方法もある。

4．心のケアの継続

　前述のように，心のケアには長い時間が必要な事案もある。学校では SC

が中心となるが，必要に応じて，専門機関へつなぐことも考慮する。SC が替わるとき，子どもが進学するとき，より専門的なケアが必要となったとき，などである。このような節目に，ケアが途切れることのないように，丁寧につなげたい。

さいごに

　心のケアという言葉が聞かれなかった時代でも，多くの緊急支援対象となるような事案は起きていた。そのときは，おそらく，心ある管理職や教職員，教育委員会が手探りで，子どもたちや保護者へ対応していたことだろう。また，大人になった方々のなかで，心のケアを受けることなく，自力や周囲の方々のおかげで乗り越えた方々も少なくないだろう。その方々に敬意を表するとともに，今後，さらに誰もがケアを受けられ，支援者も支援を受けられる体制が充実していくことを願いたい。

【引用文献】
馬殿禮子（2005）．検証テーマ「被災児童生徒の心のケア」．復興10年委員会（編）．阪神・淡路大震災　復興10年総括検証・提言報告　第 3 編　分野別検証【 2 】社会・文化分野，93-122.
Brymer, M., Taylor, M., Escudero, P., Jacobs A., Kronenberg, M., Marcy, R., Mock L., Payne, L., Pynoos, R., & Vogel, J.（2012）. *Psychological first aid for schools: Field operations guide, 2nd Edition.* National Child Traumatic Stress Network.〔兵庫県こころのケアセンター・大阪教育大学学校危機メンタルサポートセンター（訳）（2017）．サイコロジカル・ファーストエイド学校版　実施の手引き　第 2 版〕〔http://www.j-hits.org/psychological_for_schools/index.html〕（2019年11月 1 日）〔https://web.pref.hyogo.lg.jp/kk41/documents/000039114.pdf〕（2020年 3 月19日）
藤森和美（2006）．学校危機への緊急支援——被害を受けた児童・生徒への心のケア．犯罪者学研究，16，70-87.
学校等の防災体制の充実に関する調査研究協力者会議（1996）．学校等の防災体制の充実について——第二次報告．〔http://www.mext.go.jp/a_menu/shisetu/bousai/06051221.htm〕（2019年11月 1 日）
橋本佳代子・大町達夫・井上修作（2005）．災害時に学校教員が行う業務内容の枠組み作り．地震工学論文集，28，1 - 5 .
堀越勝（2013）．サイコロジカル・ファーストエイド（PFA）を実施する際のコミュニケーション技法向上プログラムの開発．金吉晴（研究代表）．被災地における

精神障害等の情報把握と介入効果の検証及び介入手法の向上に資する研究　総括研究報告書, 188-199.

兵庫県こころのケアセンター（2009）. サイコロジカル・ファーストエイド実施の手引き　第 2 版.
　［http://www.j-hits.org/psychological/index.html］（2019年11月 1 日）

金吉晴・鈴木満・井筒節・堤敦朗・荒川亮介・大沼麻実・菊池美名子・小見めぐみ・大滝涼子（2013）. WHO 版心理的応急処置（サイコロジカル・ファーストエイド：PFA）の導入と指導者育成システムに関する検証. 金吉晴（研究代表）. 被災地における精神障害等の情報把握と介入効果の検証及び介入手法の向上に資する研究——総括研究報告書, 27-38.

河野通英（2007）. 学校危機と心のケア——CRT（クライシス・レスポンス・チーム）の紹介. 日本医師会雑誌, 136(4), 39-42.

松浦正一（2007）. 大規模災害における学校の役割と教員の支援機能——東日本大震災の被災体験をとおしての一考察. 聖マリアンナ医学研究誌, 12(87), 12-16.

元村直靖（2007）. 事件・事故後の子どもの心のケア. 思春期学, 25(1), 11-13.

野坂祐子（2008）. 学校危機後の学習支援と進路指導. 教育システム研究, 4, 70-76.

Save the Children（2019）. 子どものための心理的応急処置（Psychological First Aid for Children）.［https://www.savechildren.or.jp/lp/pfa/］（2019年11月 1 日）

震災復興調査研究委員会編（1998）. こころの理解とケア——震災の後遺症. 阪神・淡路大震災復興誌, 第 2 巻（1996年版）, 21世紀ひょうご創造協会, 332-338.

ストレス・災害時こころの情報支援センター（2019）. 心理的応急処置（Psychological First Aid：PFA）.［https://saigai-kokoro.ncnp.go.jp/pfa.html］（2019年11月 1 日）

山田幸代（2017）. インターネット社会における緊急支援. 福岡県臨床心理士会（編）. 学校コミュニティへの緊急支援の手引き　第 2 版. 金剛出版, 67-69.

全国精神保健福祉センター長会（2016）. 全国精神保健福祉センター長会公開資料　学校危機と支援者ガイド 2 .
　［http://www.zmhwc.jp/news_kokoronocare.html］（2019年11月 1 日）

全国精神保健福祉センター長会（2019）. 全国精神保健福祉センター長会公開資料　心だってケガをすることがあります.
　［http://www.zmhwc.jp/news_kokoronocare.html］（2019年11月 1 日）

第7章
スクールソーシャルワーカーの仕事と連携
——子ども応援団の一員として

【渡邉香子】

第1節　スクールソーシャルワーカーの仕事

1．スクールソーシャルワークの目的と特徴

　スクールソーシャルワークの目的については，さまざまな言葉が紡がれているが，ハクスタブルら（2002）は，「子どもの権利（とりわけ，適切な教育と等しい機会への権利）の保障と，すべての子どもたちが自己の潜在能力を発揮できること」としている。後段の"すべての子どもたちが自己の潜在能力を発揮できること"を実現するためには，子どもにとって学校生活（学習環境）がより良いものになることが必要であり，その調整を行うのはスクールソーシャルワーカーの大切な仕事の一部である。

　スクールソーシャルワークの大きな特徴は，以下の2点にある（文部科学省，2006）。

(1)「無力あるいは非力な子どもを大人が指導，教育する」という視点での対応の枠組みから，「問題解決は，児童生徒，あるいは保護者，学校関係者との協働によって図られる」との視点での対応の枠組みを考えること

(2) 問題を個人の病理としてとらえるのではなく，人から社会システム，さらには自然までも含む「環境との不適合状態」としてとらえ，「個人が不適合状態に対処できるよう力量を高める」ことに加え，「環

境が個人のニーズにこたえることができるように調整する」ことにより，個人と環境の双方に働きかけること

２．スクールソーシャルワーカーの専門性と役割

　スクールソーシャルワーカーとスクールカウンセラーの違いについては，常に問われるところである。スクールカウンセラーは臨床心理学，スクールソーシャルワーカーは社会福祉援助学とそれぞれ異なる専門性をもつものであるが，すでに実績を重ね学校から認知を得ているスクールカウンセラーに比べ，スクールソーシャルワーカーの歴史は浅く，その役割が十分に周知されていないことから，この問いが繰り返されているものと考える。

　まず，スクールソーシャルワーカーの専門性について考えたい。ソーシャルワークの専門性は，「価値（人間の尊厳，社会正義）」，「知識」，「技術」の三つの要素で構成されている。「人間の尊厳」とは，すべての個人が互いを人間として尊重する基本的人権を指す。子どもの権利条約では，子どもの基本的人権の保障について，「児童に関するすべての措置をとるに当たっては，公的若しくは私的な社会福祉施設，裁判所，行政当局または立法機関のいずれによって行われるものであっても，**児童の最善の利益**が主として考慮されるものとする」と定めている（強調著者）。これらから，スクールソーシャルワークにおける価値は，「子どもの最善の利益」ととらえられる。よって，**スクールソーシャルワーカーの専門性は，支援にあたり，常に「子どもの最善の利益」を確認する役割を果たし，学校において社会福祉のさまざまな知識と技術を用いることにある。**

　次に，スクールソーシャルワーカーの役割について考えたい。スクールソーシャルワーカーは，子どもの最善の利益を目指して，対象者の状況に応じたさまざまな支援のあり方を検討するため，その支援方法は，子どもや保護者との面談や関係機関との調整，校内体制構築の支援，地域とのネットワーク作り，政策提言などの多岐にわたり，また，さまざまに変化する。この業務の多様性が役割の説明を難しくしている。

　校内における専門職の役割分担を示した東京学芸大学〈子どもの問題〉支援プロジェクトのイメージ（図7-1）が示すとおり，**スクールソーシャル**

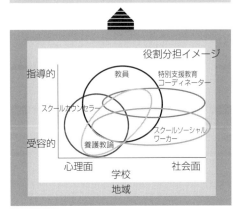

目標
すべての児童生徒のそれぞれの人格のよりよき発達を目指すとともに，学校生活がすべての児童生徒にとって有意義で興味深く，充実したものになること。

（生徒指導提要）

役割分担イメージ

指導的

教員

特別支援教育
コーディネーター

スクールカウンセラー

受容的

養護教諭

スクールソーシャル
ワーカー

心理面　　社会面

学校

地域

図7-1　生徒指導の目標と学校内の役割分担のイメージ（東京学芸大学〈子どもの問題〉支援プロジェクト，2012）

ワーカーは，児童生徒の社会面を受容的に支え，特別支援教育コーディネーターとともに，学校外である地域にも働きかける役割を担っている。スクールソーシャルワーカーは，その役割を，社会福祉に関する知識と技術を用いて，ソーシャルワークを行うことにより果たしていく。

　ソーシャルワークにおいては，対象を①ミクロレベル，②メゾレベル，③マクロレベルの3段階に分けて支援を行うことがある。次項から，各段階でのスクールソーシャルワーカーの援助過程について述べる。

3．スクールソーシャルワークの援助過程①（ミクロ実践の展開過程）

　一般的に，ミクロとは，個人や夫婦，家族などを指す場合が多い。スクールソーシャルワークにおいてはミクロを児童生徒とその家族ととらえ，その援助は図7-2のような過程で行われる。

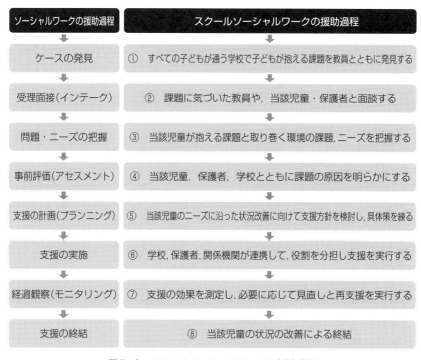

ソーシャルワークの援助過程	スクールソーシャルワークの援助過程
ケースの発見	① すべての子どもが通う学校で子どもが抱える課題を教員とともに発見する
受理面接(インテーク)	② 課題に気づいた教員や,当該児童・保護者と面談する
問題・ニーズの把握	③ 当該児童が抱える課題と取り巻く環境の課題,ニーズを把握する
事前評価(アセスメント)	④ 当該児童,保護者,学校とともに課題の原因を明らかにする
支援の計画(プランニング)	⑤ 当該児童のニーズに沿った状況改善に向けて支援方針を検討し,具体策を練る
支援の実施	⑥ 学校,保護者,関係機関が連携して,役割を分担し支援を実行する
経過観察(モニタリング)	⑦ 支援の効果を測定し,必要に応じて見直しと再支援を実行する
支援の終結	⑧ 当該児童の状況の改善による終結

図7-2 スクールソーシャルワークの援助過程

　スクールソーシャルワーカーには,課題の解決に向けた援助にあたり,問題点だけではなく,対象とする児童生徒や家庭のもつストレングス(強さや健康的な部分)に着目することが求められる。このストレングスを生かした支援は,対象者の主体性を尊重し,生きる力を高めていくことにつながり,状況の改善を図りやすくする。

　また,今後,生じるかもしれないリスクに着目することも,大変重要であり,リスク予防において,特に心理面での早期ケアは欠かせない。スクールソーシャルワークにおいては,その必要性を評価していくことも求められる。ミクロ実践の具体については,本章第2節を参照のこと。

4．スクールソーシャルワークの援助過程②（メゾ実践の展開過程）

　前項のようなミクロ実践に影響を与えるのがメゾ実践であり，スクール
ソーシャルワークにおいては，児童生徒を取り巻く環境である学校や福祉行
政，地域社会などに働きかけ，機関間の関係を調整する。スクールソーシャ
ルワーカーが学校の中で行う個別支援のほとんどは，教員と協働して行うた
め，学校に働きかける支援のすべてはメゾ実践といえる。

　たとえば，個別の支援会議において，学級担任の教師が孤立している現状
が明らかになれば，校内委員会の枠組みを見直し，担任が困ったときに学年
や学校全体で支える仕組みについて検討する，また，発達障害を要因とする
問題行動に対し複数の指導がなされ，子どもが混乱してさらなる問題行動を
誘発していることが明らかになれば，校内でスクールカウンセラーによる研
修などを行い，発達障害への共通理解を深め，学校全体で子どもが理解しや
すい指導に取り組むことについて検討するなどがある。

5．スクールソーシャルワークの援助過程③（マクロ実践の展開過程）

　スクールソーシャルワークにおけるマクロ実践を，鵜飼（2008）は，「関
係機関とのネットワークづくり」「関係機関連携ケース会議の実施」「自治体
の相談体制づくりへの関与」といった，「学校を含めた教育行政システムの
構築」であると説明している。つまり，地域（市区町村，都道府県など）に
ある組織（学校および関係機関）を動かし，地域における支援体制の改革を
行うことをマクロ実践と呼んでいる（馬場，2012）。

　学齢期の子どもたちへの支援やサービスの少なさは，福祉行政や地域社会
が，「今，学校に通う子どもたちが，何に困っているのかを把握しにくい」
ことに起因すると考えられる。学齢児の支援体制の改革を行うために，ス
クールソーシャルワーカーには，すべての子どもが通う学校だからこそ把握
できる子どもの現状を分析し，関係する自治体や機関，地域に伝え，社会で
子どもを支えていく体制作りをネットワークの中で検討していく働きが求め

られる。

　たとえば，一人親世帯が多く居住する地域で子どもの貧困や孤食，養育の孤立などの課題が把握された場合は，福祉行政と協働して，一人親家庭向けの福祉情報をまとめたパンフレットを作成・配布したり，地域と子ども食堂の必要性を検討して，子どもやその保護者の利用につなげたりするなどがある。

第2節　スクールソーシャルワーカーの支援の実際

　ここでは，前節に示した援助過程に沿って行われるスクールソーシャルワーカーのミクロレベルの支援の実際を紹介する（本文中の①〜⑧は，図7－2のスクールソーシャルワークの援助過程の数字に対応する）。

事例7-1　いじめを止められない小学5年男児

　和夫（仮名）の両親は，父から母への暴力が原因で彼が小学校4年生のときに離婚。和夫は5年生になる前の3月，母の実家に転居し4月からA小学校に転入した。1学期には特に問題行動は見られていない。夏休み明けの席替えで，和夫は隼人（仮名）の後ろの席になった。その直後から，和夫は後ろから隼人の肩を叩いたり，からかったりし始めた。隼人は大人しい性格で，和夫に「止めて」と訴えたり，和夫からされていることを担任に伝えたりできずにいた。隼人が反抗しなかったことから和夫の行動はエスカレート。周囲のクラスメートから和夫の行動を知らされた担任は，和夫を呼び出し「君がやっていることはいじめだ。絶対にやってはいけない」と強く指導。隼人の席を和夫から離し，家庭でも指導するよう母に伝えた。それでも和夫の隼人に対するいじめは止まず，隼人は体調を崩し登校をしぶるようになった。学校は和夫と母にさまざまな指導を試みたが状況は改善せず，和夫の家庭への不満を募らせ，母子への介入を目的にスクールソーシャルワーカーによる支援を要請した。

1．情報収集

①すべての子どもが通う学校で，子どもが抱える課題を教員とともに発見する。

②課題に気づいた教員や，当該児童・保護者と面談する。

事例7-1　つづき①

　学校を訪問したスクールソーシャルワーカーは，担任や学年の教員，スクールカウンセラー，管理職から情報を収集した。和夫には，学習面での遅れがあり自分の気持ちを話すのは苦手だが，隼人以外の友達とのトラブルはなかった。担任（男性）が大きな声で指導すると，体をこわばらせることがあるという。和夫のクラスの様子を観察していたスクールカウンセラーからは，「放課後，クラスに一人で残っていることが多くあり，声をかけるといつまでも話し続けていることから，もしかしたら，家に帰りたくないのかもしれない」との話があった。「宿題が終わるまで祖父に寝かせてもらえないと言って，朝，不機嫌な様子で登校することがある」との担任からの情報もあり，スクールソーシャルワーカーは，和夫の家庭での状況を把握するため，母との面談を試みた。ダブルワークをしている母との面談は時間が合わなかったため実現できず，代わりに母の了解を得て祖父と面談することとなった。

　祖父は面談で，和夫の母は介護の仕事を二つ掛け持ちして家計を支えているため，休みがほとんどなく帰宅が遅いこと，和夫は母が帰宅するまで宿題をしないため祖父は手を焼いていること，和夫には父がいないので将来困ることがないよう男である自分が父親に代わって厳しくしつけていること，隼人の両親からは，「今後，いじめが止まないなら転校してほしい」と言われ，母，祖父ともに困り果てていることなどを話した。

2．アセスメント

　　③当該児童が抱える課題と取り巻く環境の課題，ニーズを把握する。
　　④当該児童，保護者，学校とともに課題の原因を明らかにする。

事例7-1　つづき②

　スクールソーシャルワーカーは，祖父を交えた校内カンファレンスを開催し，和夫がなぜいじめを止められないのかについて話し合った。さまざまに議論が交わされ，和夫には疲れていたり，苛立ったりしている様子が見られることから，いじめの行為は，「ストレス発散の手段ではないか」と見立てられた。和夫がストレスを抱える背景要因としては，「学習面の遅れから宿題が重荷になっているのではないか」「母との会話が安心できる基地のようになっているが，時間が十分ではないのかもしれない」「担任の大きな声が父の暴言と重なり，怖かった体験を思い起こしているのかもしれない」などが出され，祖父からは「自分の言葉が和夫にとっては辛いのかもしれない」との話があった。

3．プランニング

　　⑤当該児童のニーズに沿った状況改善に向けて支援方針を検討し，具体
　　　策を練る。

事例7-1　つづき③

　カンファレンスでは，共同アセスメントに基づき背景要因に働きかける支援策が練られた。

- 担任は，大きな声での指導を避ける。
- 担任は，その日にあった和夫の良い行動を祖父に伝え，祖父は，和夫から一日の出来事を聞き，良い行動を褒める。
- 学年は，放課後，和夫を含む数人の児童と宿題に取り組む時間を協力して設ける。
- スクールカウンセラーは，和夫との会話から気持ちを聞き取り母に伝える。
- スクールソーシャルワーカーは，母と面談し生活面での困りごとなどを聞き取り，必要に応じて区や社会資源の利用につなげる。

4．支援の実行と成果

⑥学校，保護者，関係機関が連携して，役割を分担し支援を実行する。
⑦支援の効果を測定し，必要に応じて見直しと再支援を実行する。

事例7-1　つづき④

　決定された支援策はすべて実行された。和夫は，宿題の提出ができるようになったのを機に家での様子に落ち着きを見せ始め，祖父が和夫を激しく叱ることはなくなっていった。スクールカウンセラーから母には，「母が帰ってこないと，自分が置き去りにされるのではないかと不安になる」との和夫の気持ちが伝えられた。スクールソーシャルワーカーは，母が祖父母との同居により申請をあきらめていた児童扶養手当について再計算し，申請できることを確認して母を区につなげた。区は，手当の他にさまざまな母子支援の情報を母に提供し，経済的な負担の軽減を図った。これらの支援が1カ月を過ぎるころ，和夫のいじめの行為はまったく見られなくなり，隼人は安心して登校を続けられるようになった。

5. 支援の終結とその後の経過

⑨当該児童の状況の改善による終結。

事例7-1　**つづき⑭**

　年明けのモニタリングで，和夫が隼人に謝罪し隼人が受け入れたこと，いじめの行為がなくなって3カ月が経過したことを確認し，スクールソーシャルワーカーによる支援は終結。母は，家計を逼迫している家賃を下げるために，また，和夫と過ごす時間を増やすために転居と転職を決意。和夫は，6年生の春，母・祖父母とともに他都市に転居していった。転居後届いた手紙からは，楽しそうな生活の様子がうかがえた。

---

6. 支援のポイント

　本事例におけるスクールソーシャルワーカーの支援のポイントは次のとおりである。

A. 当事者を交えたカンファレンス

　家庭での困りごとを抱えた祖父をカンファレンスに交えることで，和夫の学校生活と家庭生活が相互に作用していることが明らかになり，本児の抱えるストレスへの理解が進んだ。

B. 共同アセスメント

　「いじめは本児のストレス発散方法である」との見立てを共有することで，「ストレスの軽減」という支援方針に沿ってカンファレンス参加者全員で支援を実行することができた。

C. 支援の重なりを作る

　担任から祖父，スクールカウンセラーから母など，学校での支援の情報を家庭に伝えて家庭での支援に生かす取り組みは，学校と家庭との信頼関係を

構築し，それぞれの支援の効果を高めることができた。

D．背景要因の切り分け

いじめ事案は学校の問題であるが，その背景要因は学校外にもある。要因を切り分け，学校では解決できない福祉的な課題については，区と連携することで生活環境の改善を図ることができた。

このように，スクールソーシャルワーカーによる支援は，子どもを取り巻く学校環境と，生活環境の双方に働きかけ，安心して学習に向かえるよう調整していく取り組みである。これは，校内において，①困っている子どもの応援団（支援者）を増やし，②応援団の団結を促進し，③応援（支援）に必要な資源の提供のために外部機関と連携し，さらに応援団を増やす取り組みであると考える。

第3節　支援の力を高め合う機関・地域連携

1．なぜ連携が必要とされるのか

子どもが抱える課題は一つではないため，課題が複雑に絡み合って起こる問題行動などの背景要因の分析には，教育だけでなく，心理や医療，福祉などのさまざまな専門的視点が欠かせない。また，その支援には，学校と機関，地域との情報共有を含めた連携が必須である。以下，その理由について述べたい。

就学前の子どもたちは，母性および乳幼児の健康の保持と増進を図ることを目的とする「母子保健法」によって支えられているが，就学後は，学校における児童生徒等及び職員の健康の保持増進を図ることを目的とする「学校保健安全法」と地域住民の健康の保持及び増進に寄与することを目的とする「地域保健法」により支えられる。

図7-3をご覧いただきたい。この自治体では就学前後の支援の種類や量に大きな差があるのがお分かりいただけるだろうか。就学を迎えることで，子育ての課題が一気に解決するものではないが，子どもが小学校の門をくぐるのと同時に保護者は受けられる支援が少なくなりその支えを失うことになる。また，就学前の支援情報が学校にもたらされることはなく，学校は家庭

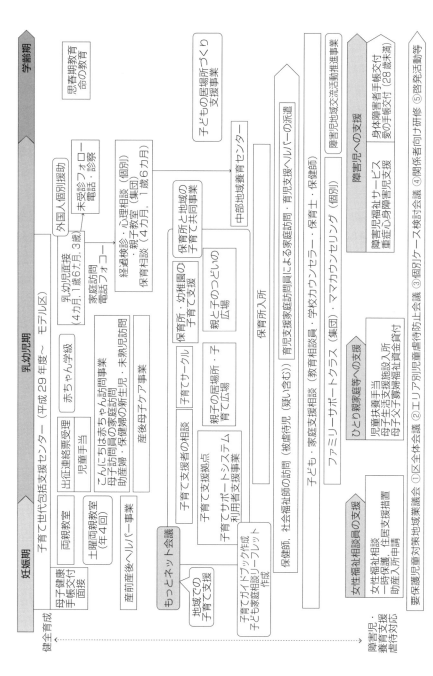

図7-3　福祉行政による子どもとその保護者への養育支援の例（A市B区による養育支援の一覧）

学校
　学習環境
クラス, 校内環境
友人関係

生活
　家庭環境
　　地域環境
校外での交友関係

卒業までの
成長の時間軸

図7‐4　スクールソーシャルワーカーの支援の
　　　　デザインのイメージ

の困り感に気づきにくく，早期発見・早期対応は難しい。その結果，家庭の福祉的な課題や養育上の困りごとが子どもの生活に大きな影響を与え，学校での「いじめ」や「不登校」などとなって現象化したときには，事態はすでに悪化し，解決までには多くの時間を要することになる。

　こうした学校で表面化するさまざまな課題の解決に取り組むスクールソーシャルワーカーには，子どもの生活の安定を図るため，卒業までの時間を視野に入れながら，子どもを取り巻く「学校環境」と「生活環境」の双方に働きかけることと（図7‐4），限りある社会資源（支援・サービスなど）や本児・家庭・周囲の人々がもつパワーを有効的に活用することが求められる。

　具体的にはスクールソーシャルワーカーは，学校生活において，友人やクラス，教師がもつ強みやパワーが十分に発揮できない状況にあるなら，その状況を改善する支援を行うことでパワーを引き出し（エンパワメント），対象となる子どもを支える学習環境を整える。一方，家庭が養育を十分に行えていない状況にあるなら，学校と機関や地域との連携を強化することにより，対象となる家庭を見守り支える環境を整える。

　子どもを支えるさまざまな支援者が情報を持ち寄って，子どもとその家庭について協同アセスメントし，各々の役割を考え実践すること，すなわち学校をプラットフォームとする多機関によるチームアプローチは，それぞれの支援の効果を高め合い，課題解決の大きな力となることができる。これによりもたらされる生活環境の安定は，学習にも良い影響を与えることから，子どもの支援に機関・地域連携は欠かせないものである。

2．機関・地域連携のポイント

　学校と他機関・地域の連携を支えるスクールソーシャルワーカーが支援を開始するにあたり行うのが，「課題の明確化」である。先に述べたように，子どもが抱える課題は一つではなく，複雑に絡み合っている。何が障壁となって子どもの生活に影響を与えているのか，その背景要因を切り分け，学校でできることを考え取り組むことで，学校では解決できない課題を明らかにしていく。次に取り組むのが，「機関などへのアプローチ」である。学校では解決できない課題の支援に機能しそうな機関を見極め，子どもが困っていることを伝え，学校や家庭生活の状況を詳しく説明しながら対応についての相談を重ねる。

　連携で起こるトラブルは，互いに自己が拡大してしまうことに起因することが多い。たとえば，「保護者は児童を強く指導しなければならない」「学校は本児の特性に沿った丁寧な教育と見守りをすべきだ」「児童虐待は明らかなので，児童相談所は本児を保護して当然だ」「校納金の未納について，生活保護のケースワーカーはなぜ指導しないのか」など，具体的に相手機関の行動を要求することは，無用な軋轢を生み，それぞれの支援の効果は下がっていく。

　機関や地域は，それぞれの目的に合致しなければ動くことはなく，支援の提供の判断ができるのは，その機関・地域だけである。機関・地域連携において大切なのは，**「相手の立場の尊重」** と相手機関の機能と人を知る**「顔の見える関係作り」** である。

3．カンファレンス開催のポイント

　校内連携に限らず，機関・地域連携でも多く開催される「個別支援会議（カンファレンス）」において，スクールソーシャルワーカーは，図7−5に示すステップに留意しながら進行し，連携構築を支援する。

A．子どもの抱えている課題は何なのか

　子どもの問題行動は，理由もなく，ある日，突然，始まるものではない。子どもの言動や変化には，必ず理由や背景，原因が存在する。言い換える

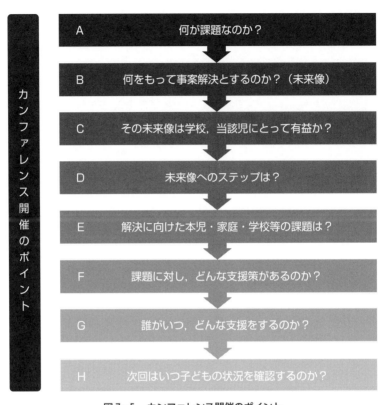

カンファレンス開催のポイント

A	何が課題なのか？
B	何をもって事案解決とするのか？（未来像）
C	その未来像は学校，当該児にとって有益か？
D	未来像へのステップは？
E	解決に向けた本児・家庭・学校等の課題は？
F	課題に対し，どんな支援策があるのか？
G	誰がいつ，どんな支援をするのか？
H	次回はいつ子どもの状況を確認するのか？

図7-5　カンファレンス開催のポイント

と，学習や行動上の問題は，子どもとその子どもを取り巻く環境が互いに影響を与え合った（交互作用）結果として生じている。また，何度か述べてきたように，子どもの問題行動には，さまざまな課題が複雑に絡み合っている。課題を明確化しないまま立案する支援策は，問題行動の背景要因に十分に作用せず，解決に至らないことが多く見られる（横浜市教育委員会事務局人権教育・児童生徒課，2018）。カンファレンスでは，複数の眼で課題を明らかにし，その背景要因を分析することで，要因に働きかける解決に向けた支援策を考えることができる。

B．何をもって事案解決（支援のゴール）とするのか

　ケース会議開催の目的は，子どもに対する支援の方針を，参加者全員が共

118

有することにある。支援方針立案にあたり，子どもの未来像，すなわち「チーム支援のゴール」が明確になれば，自ずとゴールに向けての役割意識は高まっていく。反対に，このゴールが不明確なままであると，ケース会議の開催そのものが目的になってしまい，明確な支援方針を立てることができず，チーム支援体制を形成しにくくなる。

C. 支援のゴールは学校，当該児にとって有益か

ケースカンファレンスで決定するチーム支援のゴールは，対象となる子どもの最善の利益につながるものであることが重要である。また，学校生活においては，当該児が周囲から特別視されクラスがまとまりを欠くなどの弊害を生まないよう，ゴールが学校にとって有益かの確認も必要である。

D. 未来像に向けたステップは

ゴールに向けたステップは，支援する課題の優先順位を決定し，短期目標・中期目標・長期目標に分けて設定する。取り組みやすいところから支援し成果を得ることは，支援者側の有用感を高め，次の目標達成への原動力となる。

E. 解決に向けた学校（機関）の課題は

子どもの問題行動などは，その子どもがもつ課題と環境の相互作用によって起こっている。子どもの課題のみに着目するのではなく，影響を与えている学校や機関の状況を確認し，マイナスの作用が生まれる要因やプラスの作用が生まれる要因を分析することは，支援策の立案に役立つ。

F. 課題に対し，どんな支援策があるのか

これまでに上がった課題に対し，あらゆる角度から子どもや家庭，学校・機関がもつそれぞれの長所や強み（ストレングス）を生かした支援策を考える。

G. 誰がいつ，どんな支援をするのか

支援のゴールに向けて，誰が，どのような役割をもった支援を，どの程度行うのかを合意形成のもと明確化する。複数の支援者が多方面から支援を行う場合，互いの役割を認識し合うことがより良い成果をもたらす。

H. 支援によって変化する子どもの状況を，次回はいつ確認するのか

　一定期間，子どもやその環境に支援を行ったら，振り返って効果を検証する。効果が見られた場合は継続，見られなかった場合は，再度，アセスメントを行い，支援方法を検討する。また，子どもの成長や家庭環境の変化によっても支援の質と量を調整しなければならない。支援を開始する際には，振り返る時期を明確に設定しておくことで，支援の実行をうながし，より効果的な支援を行うことができる。

第4節　子どもの最善の利益を目指して

　教師が，「すべての子どもが，より幸せな人生を送ってほしい」と願い育てる学校現場において，福祉の専門職であるスクールソーシャルワーカーが大切にするのは，「協働」である。厨子（2012）は，アンダーソン・バトチャーとアシュトン（2004）を引用しつつ，スクールソーシャルワーカーが協働において果たすべき機能を，次のようにまとめている。

　　アンダーソン・バトチャーとアシュトン（Anderson-Butcher, D., & Ashton, D.）は，さまざまな専門職との協働のあり方を五つに分類しています。
　　①機関内協働：子どもの支援やサポートに向けて，機関内のさまざまな専門職が制度化された関係を構築すること。
　　②他機関協働：さまざまなアイデンティティや財源をもつ機関が，子どものニーズを満たすために構築する相互依存関係。
　　③専門職間協働：さまざまな専門職や専門機関が，子どもや家族の支援のために活動を行うこと。
　　④家族を中心とした協働：家族を専門職としてのパートナーと考え，他専門職と活動を行うこと。
　　⑤コミュニティ協働：子どもの問題解決に向けて，コミュニティの関係者が参加し，他専門職と活動を行うこと。

各活動において，スクールソーシャルワーカーは，専門職や専門機関との間の調整を行い，さらに，多様な協働形態を統合するリーダーとして機能しなければならないといわれています。

　学校と教師は，戦後から現在に至るまで学齢期の子どもをめぐる課題に向き合い，子どもたちを守ることを矜持としてきた。スクールソーシャルワーカーは，長く単独で支援を続けている教師を尊重し，励まし，教師と専門職との協働の歴史を積み上げていかなければならない。スクールソーシャルワーカーが多様な協働のあり方を模索していくことは，教師の働き方を改革し本来業務に専念できる体制づくりに寄与し，学習環境を整え，最終的には子どもの最善の利益の保障につながっていくといえる。これこそが，第1節に示したハクスタブルらが提唱するスクールソーシャルワーカーの目的「子どもの権利（とりわけ，適切な教育と等しい機会への権利）の保障と，すべての子どもたちが自己の潜在能力を発揮できること」に叶う実践ではないかと考える。

　学校教育は，子どもを育む“ゆりかご”である。誰もがそのゆりかごに守られ，大きく育つことができるよう，スクールソーシャルワーカーは，すべての教師やスクールカウンセラーなどの専門職，児童相談所などの機関，そして地域と協働する「子ども応援団」を構築し，自らもその一員として児童生徒とその家族を支え続けていく。

【引用文献】

Anderson-Butcher, D., & Ashton, D.（2004）. Innovative Models of Collaboration to Serve Children, Youths, Families, and Communities. *Children & Schools*, 26(1), 39-53.〔厨子健一（2012）. 協働理論におけるスクールソーシャルワーク. 山野則子・野田正人・半羽利美佳（編著）. よくわかるスクールソーシャルワーク. ミネルヴァ書房，103.〕

馬場幸子（2012）. マクロ実践の展開過程① マクロアセスメントからプランニングへ. 山野則子・野田正人・半羽利美佳（編著）. よくわかるスクールソーシャルワーク. ミネルヴァ書房，128.

Huxtable, M. & Blyth, E.（Eds.）（2002）. *School social work worldwide*. Washington, D.C. : NASW Press, cop.

文部科学省（2006）. 学校における児童虐待防止に向けた取り組みについて（報告

書）．〔https://www.mext.go.jp/a_menu/shotou/seitoshidou/06060513/_icsFiles/afield-
file/2016/04/08/1235293_001.pdf〕（2020年 6 月18日）
東京学芸大学〈子どもの問題〉支援システムプロジェクト（2012）．スクールソー
シャルワーカーの仕事．東京学芸大学，4．〔http://www.u-gakugei.ac.jp/~kodomopj/
ssw.pdf〕（2020年 7 月 7 日）
鵜飼孝導（2008）．スクールソーシャルワーカーの導入——教育と福祉の連携の必
要性．立法と調査，（279），59-68.
横浜市教育委員会事務局人権教育・児童生徒課（2018）．平成29年度スクールソー
シャルワーカー活用事業学校活用状況調査報告書.

【参考文献】

馬場幸子（2020）．スクールソーシャルワーク実践スタンダード——実践の質を保
証するためのガイドライン．明石書店.
外務省（1994）．児童の権利に関する条約．〔https://www.mofa.go.jp/mofaj/gaiko/trea-
ty/pdfs/B-H6-0079_1.pdf〕（2020年 6 月18日）
門田光司（2002）．学校ソーシャルワーク入門．中央法規.
門田光司（2016）．スクールソーシャルワーカーのスーパービジョン・プログラム
科学研究費基盤研究（B）研究報告書.
斎藤宗明（2010）．3 新たなセーフティネットの取り組み ①教育の現場から．横浜
市調査季報，167，22-25．〔https://www.city.yokohama.lg.jp/city-info/seisaku/toriku-
mi/shien/tyousakihou/167.files/0006_20191119.pdf〕（2020年 6 月18日）
スクールソーシャルワーク評価支援研究所（編）（2016）．すべての子どもたちを
包括する支援システム——エビデンスに基づく実践推進自治体報告と学際的視
点から考える．せせらぎ出版.
山野則子（編著）（2015）．エビデンスに基づく効果的なスクールソーシャルワー
ク——現場で使える教育行政との協働プログラム．明石書店.
山野則子（2018）．学校プラットフォーム——教育・福祉，そして地域の協働で子
どもの貧困に立ち向かう．有斐閣.
厨子健一（2012）．教師が子ども・保護者対応に関するサポートを求める要因——
校内検討機能の欠如に関する媒介効果．学校ソーシャルワーク研究(7)，2-13.

第8章 児童相談所との連携

【鶴田智子】

第1節　学校と児童相談所

1．子どもにとっての学校

　学校は子どもが家庭とは違う外界の人的，物的環境に接触できる場の一つで，一日の大半を過ごす。学校での生活は，多様な子どもや大人との接触のなかで，家庭とは違う価値観に触れ，自分と他人との思考の相異を知ることができる重要な場である。また，子どもが自らの意見（感情や思いも含めて）を，他者に向かって表明（発言）することが，子ども固有の権利であることを体験できる貴重な場でもある。大人の役割も重要で，子どもはまだ十分に自分のことについて言葉で表現できないため，子どもを注意深く観察し，子ども同士の関係性などに注意し，安心できる大人との関係作りを通して，家庭とは別の居場所を作ることが必要であるとともに，子どもが自分の意見を安心して表明できるような環境づくりが必要である。安心できる場所がないと，子どもは内にある違和感を語れない。

2．子どもを守る

　家庭内という安心安全と考えられる場所で，児童虐待は発生する。児童の権利侵害にあたる児童虐待から子どもを守るため，児童虐待の防止等に関する法律が平成12年に制定された（表8−1）。

　増え続ける児童虐待相談対応件数と，痛ましい児童虐待による死亡に至った経緯を踏まえ，2019年2月に児童虐待防止対策に関する関係閣僚会議において「『児童虐待防止対策の強化に向けた緊急総合対策』の更なる徹底・強

表 8-1　児童虐待の防止等に関する法律（抜粋）

法律	条文
第 5 条第 1 項 （児童虐待の早期発見等）	学校，…学校の教職員…（中略）は，児童虐待を発見しやすい立場にあることを自覚し，児童虐待の早期発見に努めなければならない。
第 6 条第 1 項 （児童虐待に係る通告）	児童虐待を受けたと思われる児童を発見した者は，速やかに，これを市町村，（中略）…児童相談所等に通告しなければならない。
第13条の 3 （資料又は情報の提供）	地方公共団体の機関は，…児童相談所長から…当該児童，その保護者その他の関係者に関する資料又は情報の提供を求められた時は，…（中略）これを提供することができる。

化について」（厚生労働省，2019）が決定され，児童虐待にかかる情報の管理や学校等と児童相談所，警察との具体的な連携強化が明記された。また文部科学省（2019）は『学校・教育委員会等向け虐待対応の手引き』を公表し，虐待の種別と子どもへの影響，関係機関等の役割について示し，具体的な対応や虐待リスクのチェックリスト，通告後の対応フロー図などをまとめている。

　このように，学校と児童相談所のより一層の連携強化が期待されている一方，学校現場においては，児童相談所と連携をもとうとしても，児童相談所に対する数々の不満を抱いている場合が多い。たとえば，学校から「心配な子どもがいる。このまま家に帰したらどうなるかわからない。保護してほしい」と連絡があっても，児童相談所からは「すぐに保護することはできない」と返答があることが多い。その後のそれぞれの機関の典型的な思いとして，学校では「児童相談所は何もしてくれない。言っても無駄」，児童相談所では「そんな簡単に保護などできない」というようなものがある。このようなそれぞれの思いの乖離が，その後の両者の関係性の困難さを生む。これらの連携のしづらさは何に由来するのか。学校は，目の前にいる子どもの苦痛や心情を直接聞いたり見たりすることで，早急になんとかしなければと，結果を急ぐことがあるのではないか，あるいは判断を誤って，もし子どもに重大なアクシデントが起こったらと大人側の心配にとらわれてしまうのではないか，さらに，児童相談所に通告するとなんでも一気に解決されるという，児童相談所に対する万能な期待があると推察される。他方児童相談所

児童相談所

学校

子ども

図8-1　学校と児童相談所の関係

は，虐待の事実（事実が曖昧なことも多い）に基づき，緊急度・重症度のアセスメント判断を行い，法律やエビデンスに基づき一時保護が必要か，それとも，在宅での支援を提供することが必要か，あるいは，保護者への警告を行い一定期間状況を見守るかなどの判断を行う。いずれの場合においても，すべてにおいて児童相談所だけで子どもを守ることは不可能である。バトンタッチではなく，学校と併走しながら子どもの安全や子どもの権利を保障していくことが理想である（図8-1）。

　学校と児童相談所の連携について，虐待種別ごとに以下事例を提示していく。なお，以下の事例については，個人が特定されないようプライバシーに配慮して一部内容を加筆・修正している。

第2節　事　例

事例8-1　子どもの問題行動に対する親の反応

〈身体的虐待〉
家族構成：父　自営
　　　　　　母　パート
　　　　　　長男　小5 (本児)
　　　　　　長女　保育園

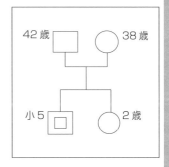

　教頭から，本児が幾度となく父から叩かれるといった内容を，本児が担任に話していると，児童相談所に通告があった。以前は腕や足あたりにアザがあったこともあったが，写真は撮ったことがなく，いつの時期にあったか詳細は不明であった。直近ではアザはない。

　本児の様子が沈んでいたため，再度担任が本児に聞き取ると，「父はいつも家にいる。猫の餌を与えるのを忘れていたので昨日叩かれた。また，今日も怒られるかもしれない。母がいると母は止めていくれるのでいいが，今日仕事で帰ってくるのが遅いから心配だ」との内容であった。

　学校は，母に対して，本児が父から叩かれていることについて心配していると話しており，母にエスカレートしないよう注意をしていた。母が父に対して，叩くことについて注意するとのことであったが，父はなかなか人の注意を聞かないので難しいとも聞いていた。教頭から母に，児童相談所に通告する義務があることを言ってもらい，今度児童相談所と学校を交えて，話し合いをすることにした。

　母だけを学校に呼び出したつもりが，父も同席することになり，学校は父が怒り出すのではないかと戸惑っていた。実際，暴力を振るうのは父だったため，いずれ直接父と話す必要があるので，両親，教頭と担

任，児童相談所の児童福祉司で話し合いをした。

　はじめ，父は児童福祉司を睨みつけ，表情も硬い。父から「うちの教育方針は，言ってもわからないなら叩いて教える。虐待などはしていない。叩く理由があるから，犯罪者にさせないために叱っている」との話であった。叩く理由を尋ねると「（本児は）家のお金を勝手に取ったり，万引きしたりしている」とのことだった。学校は本児の問題行動について，初耳であった。児童福祉司から，叩いてわからせるものではないこと，暴力としつけは別であることを伝える。学校からも，学校での本児の様子を伝え，家で怒られるので学校で不安定になっていること，男児の学校で頑張っているところ，良いところを伝える。父は少しずつ，自分が学生だったとき，いじめられていたこと，友だちや先生に助けを求めたが助けてもらえなかった過去を話しながら，本児には強くなってほしい，強くなってほしいから叩いていると持論を話した。強くなることは，必ずしも腕力の問題ではないことを伝え，家の方針として精神的な強さを身につけてもらいたいのであれば，本児がわかるような伝え方，本児を認め自信をつけさせる伝え方の必要性を，学校とともに児童相談所からも伝えた。最終的には，父，母とも納得し，今後叩かないことを約束した。学校側は，このようなケースの対応に，父に対する怖さがあり，どのように対応したらいいか不安がっていたが，父とは終始冷静に話し合いができ，安堵していた。

　その後，母から「先日はありがとうございました。父も反省しているようでした」と学校に報告があった。本児の問題行動については，学校も保護者と相談しながら見守り，状況を見ながら児童相談所への相談につなぐとのことだった。また，学校は母についてDVの可能性を含めて，相談先の案内も行った。その後，学校での本児の様子は，表情が良くなり，前より元気に生活できるようになったと報告があった。このケースは学校での様子を確認し，虐待としての児童相談所のかかわりは終了した。

　学校と児童相談所が，問題を抱えている家庭に対し，協議することで同じスタンスで保護者に話すことができた。保護者側からすると，二つの組織から同じことを言われているため，ある意味「わかりました」と言わざるを得ない。しかし，二つの機関が行うことで与えるインパクトは大きく，体罰は認めながらも虐待にあたることを頑なに否認している父親に対しては，直面化する良い機会になったと思われる。また，保護者に第三者からの「見ているよ（知っているよ）」というメッセージを与えたのは効果的だった。今回の保護者に対する二つの組織の指導は，負の面をいうと，プレッシャーをかけすぎている可能性もある。この事例では，プレッシャーのかかり方が父に対しては効果的だったと思われるが，保護者に負荷がかかりすぎて，自信をなくしてしまったり，逆に激怒したりと物別れになる可能性もある。すべての体罰を肯定する保護者にこの方式が当てはまるわけではないため，保護者の情報を収集したうえで，学校と児童相談所が連携し，適切なタイミングで実施することが重要である。

事例8-2　面前 DV の代償

〈心理的虐待〉
家族構成：父　　運送業
　　　　　母　　無職
　　　　　長男　中1（本児）
　　　　　長女　保育園　4歳

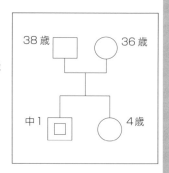

　児童相談所は，警察からの通告書で本ケースを把握する。通告書の内容は，父から母に対する DV であった。経済的なことで母と父が口論となり，酒に酔った父が母に暴力を振るい，物を投げたりとエスカレートしたことから，近隣者が110番通報した。その日は雨だったため，父

128

は仕事がなく，昼から飲酒していたことが判明した。たびたび経済面で両親は口論になるとのことだった。今回は，手がつけられないほど父が暴れたため，長男，長女は少しおびえていたようだが，子どもたちには両親からの暴力はないとのことだった。警察および児童相談所は，心理的虐待にあたるため，今後注意するよう保護者に警告した。

中学校での本児の様子は，行動面ではおとなしく特に目立つこともない子だが，しばしば遅刻があったり，断続的な欠席があるとのことだった。教頭に児童相談所の指導内容を伝え，今後の見守りをお願いした。

それから約1年後，再び警察通告があった。本児が些細なことで母に激怒し，物を投げたらテレビにあたり壊れた。そのことを仕事から戻ってきた父が知り，教育方針をめぐって夫婦間で揉め事がエスカレートし，大きな物音，罵声などがあり，近隣者が110番通報したというものであった。本児の登校状況は学校の協力のもと，なんとか現状を維持していた。しかし母へキレたように物を投げたり，家具などを破壊したり，母への暴力があるとのことだった。

通告が2度目でもあったため，児童相談所は今後の生活について母と面接した。母は，離婚は考えることがあるが，経済的に難しいので実行には移せないと話した。本児の登校や学業に話が及ぶと，まれに本児が激昂することがあるが，何もなければおとなしい子であると母は答えた。児童相談所からは，家庭児童相談室の紹介や，学校と相談することを勧めた。

学校は本児の暴力について，児童相談所と警察からの連絡で今回初めて知った。児童相談所が母と面接した内容を学校に伝えると，学校も母と面談をするとのことだった。母は学校との面談で，本児の内申に関係すると思い，相談しにくかったこと，父に話すと「お前（の教育）が悪い」と言われるだけで話し合いができないことなどを，涙ながらに語った。学校は，本児との関係性を密に取りながら，スクールソーシャルワーカーや，母に対してはスクールカウンセラーの導入を提案した。児童相談所は，場合によっては児童相談所の通所についての検討も視野に入れていることを，学校とともに確認した。しばらく学校が母や本児に

対し支援を行っているなかで，父とも面談を行い，父の考えを受け止め，おやじの会に誘うなど関係性を作っていった。父とは段々話ができるようになり，子どものことだけでなく，父のプライベートな内容を話すようになった。母はカウンセラーと定期的に面談している。本児は遅刻することはあっても徐々に自ら登校するようになり，激昂することも減った。

考 察

　最近の通告のなかでも半数近くを占める面前 DV の事例であった。DV は家庭内で起こっているため，発見が難しく見えにくい。本児は長年，DV を目撃していた影響からか，母に対する暴力，学校への行きしぶりが出てきている。児童相談所の面前 DV ケースは，児童の安全確認を行い，保護者に必要な警告指導を行えば終結する場合が多い。しかし，今回のように子どもが母に対して暴力を振るったり，不登校になったりする場合，学校での支援，見守りが必要になる。安心できる大人とのかかわりを家庭以外の場所で作り上げることができれば，子どもの心理的な影響はやわらぎ，安定した生活ができると考える。しかし，心的な影響や行動障害が続くようであれば，医療機関の受診や児童相談所への継続相談も考えられるため，学校との連携を行う取り組みは重要である。

事例8-3　不登校か親の登校禁止か？

〈放任虐待〉
　　家族構成：父　無職　精神疾患有　生活保護
　　　　　　　長女　小1（本児）
　　　　　　　父子家庭

　救急病院からの通告で本ケースを知ることになった。内容は，父子で友人宅に遊びに行った際，本児に毒の入った食べ物を食べさせられたので，治療をしてほしいとの父の訴えだった。何の毒か，本児にどんな症状が出ているのかといった医師からの問いに対して，父から明確な回答はなく，要領を得ない様子であった。本児の診察をしても，特に問題のない様子であったため，治療することもなく帰したとのことであった。しかし，父はずっと，毒を飲まされていると医師に訴えていた。医師は児童相談所に，父の発言の信憑性が疑われ，本児が振り回されており，養育が心配されるとの相談をした。調査により，父は精神疾患があるが，最近は通院が途絶えていることがわかった。

　その後，本児が学校にまったく登校できなくなっていると，学校から心配な相談が寄せられた。理由は，父が「（暴力団から）追われている」「子どもにも危害が及ぶ」などと言い，本児を外に出さず，外出するときは父が必ず一緒に行動しているためであった。学校で何があるかわからないので，毎日登校させられないと父は説明していた。小1の1学期は，週に2〜3日は父とともに登校していたが，2学期になるとほとんど登校しなくなった。父は，本児を連れ回していたが，学校にはたまに短時間連れて行き，教頭と話をすることはできていた。父は特に人に対して攻撃的ではなく，穏やかではあったが，ずっと「誰かに狙われている」「命を狙われて毒を盛られる」などと話し，おびえていた。

本児も，父と一緒に「追われている」など語るときもあった。

　学校と児童相談所との協議では，本児は学校に行きたくても父の影響から行けない状況にあるのではないか，就学督促を出すことで学校にくるきっかけになるのではないかなどの意見が出た。児童相談所としても，今後の家庭裁判所への申し立てを視野に，まず，できる手立てを尽くす必要があることを説明した。学校は早速，教育委員会に就学督促（学校教育法施行令第19，20，21条）を出すことについて話すが，教育委員会は，父が本当に登校を禁止しているか否かはっきりしないところがあるとして難色を示した。しかし学校が何度かかけ合ったことで，就学督促を出すことが決定した。児童相談所と学校は，督促を出しても来ない状況があれば，一時保護を検討することも話し合った。

　結果，就学督促を2度出すが，父は登校させることができず，児童相談所は自宅で本児の一時保護を行った。一時保護をきっかけに，父は病院に通院し，治療を再開することとなった。一時保護中に学校は定期的に学習のプリントなどを持ってきて，本児と面会した。本児は，はじめ学校は怖いところといったイメージを口にしていたが，学校の先生との面会を重ねるうちに関係性ができ，一時保護所から施設へ移動した後も学校へスムーズに登校できるようになった。

考　察

　親として教育を受けさせる権利を行使していないとして，児童相談所，学校，教育委員会が連携できたことで，父に対して本児を登校させるよう督促を出すことができた。それは小学校の低学年から学校にまったく来ないことを重くみた対応で，学校との情報共有がうまくでき，本児を一時保護することができた。また一時保護により，父親とかかわり，医療機関への受診をうながすことができた。そして，一時保護中に教師と面会することによって，父親からの精神的影響をやわらげることができた。一時保護中の顔なじみの教師のかかわりは，大人が想像する以上に大きな影響を与えることができる。保坂（2019）は，以前「『長期欠席』を『不登校＝心の問題』にのみ限

定して捉えていた」ことがあるとし，「虐待（ネグレクト）の危険性を認識していなかった」（p.104）と述べている。子どもが学校に行きたくない不登校なのか，それとも子どもが学校に行きたいのに，親が行かせないのか，どう判断するか悩むところではあるが，本事例は一助となるのではないかと考える。

事例8-4　しつけと称するさまざまな罰

〈身体的虐待・ネグレクト〉
　　家族構成：母　無職，精神疾患有，生活保護
　　　　　　　長女　小3（本児）
　　　　　　　長男　小1
　　　　　　　次男　2歳
　　　　　　　内縁の男性（配管工）と同居

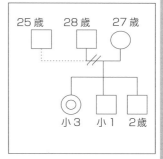

　学校からの通告であった。内容は，本児だけ留守番させられ，家族と外出できなかったり，夕食を食べさせてもらえないことがあったり，家事の手伝いをしないとして叩かれることがあるというもので，それを本児が養護教諭に訴えているとのことだった。本児には目に見える傷痕はなく，極端に痩せていることもなかった。しかし，本児によると朝食を食べていないことが多く，学校はフードバンクから提供されたバナナやパンなどを登校時食べさせていた。担任は家庭訪問の際，母に朝食を食べているかと確認するが，食べさせていると答え，さらに母は本児が家へ門限内に帰ってこない，家の決まった手伝いもしないこと（洗濯物たたみ，食事の皿を並べるの二つ）が多いので，困っていると話していた。

　児童相談所は，学校から相談を受け，まず学校で本児と昼休みに面談をした。本児の印象は，とても礼儀正しく一見おとなしい。家での困りごとはないか尋ねるが，本児は「心配なことはない」と答える。「母は

優しい。だけど，家事をするのが大変」とのことだった。口数が少なく，うつむいた状態でなかなか表情を確認することができないが，上目遣いで，そわそわしており，落ち着きのない様子だった。本児自身が，時間を気にしていたところもあり，10分程度で面接を終えた。面談のなかでは，もし困ったことがあったら，すぐ先生や養護教諭に伝えること，学校が休みのときに困ったことが起こったときのSOSの出し方などを伝えた。

　本児からは，母からされていること，家での出来事を聞き出すことはできなかった。だがスクールソーシャルワーカーと養護教諭，教頭に本児の様子を観察してほしいことと，本児が自由に自分の気持ちを語ることができるような関係作りに留意してほしいこと，今後も定期的に本児に会いに行くことを伝えた。また，学校は，本児が「（母には相談内容を）言わないでほしい」と言っているため，本児が語ったことについて母に言わないが，母は，本児への困り感もあるようなので，それに寄り添いつつ，不適切な罰の与え方はさらなる問題行動につながることを伝えるよう，学校と児童相談所で共通認識を持ち役割分担をした。

　3カ月後，本児の方から児童相談所の職員に会いたいとのことだったので，学校で本児と面接する。本児と対面すると，以前より打ち解けてきたようで笑顔が見られた。話したいことがあったようだが，本児から話すことはなかった。職員から学校のこと，家のことを尋ねるが，本児から語られたのは，「朝食や夕食がないことがある」といった内容のみだった。職員は母の言うことを守らなかったときがあるかと，あったらどうなるのかと一歩踏み込んで聞いてみるが，叩かれるとの発言はなかった。

　しかしその後本児は養護教諭に，母が怖い，最近では母のパートナーからも怒られることがあり，ベランダに長時間出されることもあると訴えてきた。本児より今まで，母のパートナーから叩かれるとの発言はなく，どちらかというとパートナーは，母が怒ると止めてくれるという話であった。その一方で，本児によると最近は母に対してパートナーが，もっと怒っていいのではと言うこともあるとのことだった。状況は前よ

り良くないと認識し，危険なときは児童相談所に来ることができることを，本児に伝えるよう学校と話し合った。

　本児は，まだ家で大丈夫だと話していたため，子どもの気持ちを大切にしつつ，母に対して学校から再度，子どもとの関係性について話したり，母の困り感を聞いたりしていくことを確認した。またそれとは別に同家庭から子どもの泣き声が聞こえるとの近隣からの通告があったため，児童相談所が家庭訪問をすることにした。家庭訪問するが不在のため，不在票を置き連絡を待つと，母から電話があった。後日家庭訪問すると，母は次男が寝ぐずって泣いていたと話し，次男を確認すると元気にしていた。母にその他きょうだいについて聞いてみると，本児が嘘をついたり，どこから持ってきたのかわからない物があったりするため，本児に確認するが答えない，ずっと黙っていることにイライラし，怒ってしまうとのことだった。本児の問題行動に困っていたため，児童相談所や区役所の子育て支援課に相談してほしいと伝える。母は考えてみるとの回答だった。

　数日後，本児は1人留守番させられたとき，家を抜け出し警察に駆け込み身柄付きの一時保護となった。本児は，一時保護後数日，理由についてなかなか語れなかった。養護教諭やスクールソーシャルワーカーが本児の面接に来所し，以前から食事を罰として抜かれていたことも，話していいよと勇気づけられ，安心して話すようになった。本児が話した内容は，母が自分だけ無視したり，外食のときに1人留守番させられるということだった。理由を聞くが本児からは語られなかった。本児は保護中，一度も母と会いたいとは言わなかった。しかし離婚して別に住んでいる実父とは面会を希望した。実父と本児の関係は良く，実父としては，本児を引き取りたいと話しており，実父と母が話し合い，一定期間であれば本児を実父に預けてもよいということになった。母は一貫して，本児の嘘やずっと黙っている態度が耐えられなかったといい，本児に対する家事の強要や食事抜きなどはしていないとのことだった。援助方針会議では，本児が母と会いたくないと言っていること，母と実父が話し合い，本児の養育を実父が希望していること，実父は単身であり実

家で祖父母と生活しており，祖父母の協力も得られること，母は本児との関係修復を図りたいと考えていることが話された。会議の結果，母と一定期間離れ，実父と生活するうえで，母との関係調整を行っていくことが決定した。

　弟（長男）は，現学校に登校しているため，学校は母との関係を保つ必要があったが，学校は子どもの人権を尊重する態度を貫き，本児のことがあったからといって，母と学校との関係性が悪くなることはなかった。

考　察

　この事例は，学校が粘り強く本児の思いを大切にしながら，徐々に本児の味方となる大人を増やしていき，本児が語りたくなるまで様子を見ながら，それぞれ定期的に面接を重ねた。なかなか，家のことを語らないので，かかわりが難しかったが，学校が焦らず，子どもの気持ちを大切にしたところが，今回自分からSOSが出せる結果へつながった。傷痕といった身体的所見がない心理的虐待は，子ども自身の開示や証言が，家庭への介入や支援を進めるにあたって重要な根拠になる。心配というだけで保護したとしても，その後につながらないどころか，子どもは口を閉ざしてしまう危険性もある。学校側は時折保護者に対して，子どもが言っているとは言わず，注意をしてきた。そのなかで改善されていけばよかったが，注意したときは少し良くなっても，また元に戻るといった状態が続いていた。保護後は，本児の帰りたくないという主訴が強く，本児と母の語った内容は互いに矛盾し，虐待内容の真偽は不明であった。母は本児に帰ってきてほしい思いはあったが，実父と話し合いをすることで，施設や里親ではなく，親権者である母の了解のもと，本児が実父のもとで生活することを了承した。このように，児童相談所は，保護者との分離が必要な場合に，施設や里親に措置するだけでなく，親族を含めた社会資源を上手く活用し，子ども本人にとって最も負担の少ない支援方針を会議で検討する。学校と児童相談所が一つになって，保護者に対して毅然とした対応ができ，保護者は後に学校へ本児の困り感を相談

しにくるようになった。連携を密にしていたことが良い結果を生んだと考える。

事例8-5　話したくても話せない

〈性的虐待〉
家族構成：養父　精神疾患有，生活保護
　　　　　母　　精神疾患有
　　　　　長男　中3
　　　　　長女　中1
　　　　　次女　小5（本児）
　　　　　三女　小1

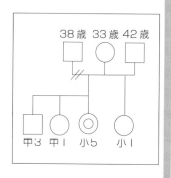

38歳　33歳　42歳

中3　中1　小5　小1

　学校からの通告があった。三女が学校の担任に，「私はされていないけど次女が父から胸を触られた」，「内緒にしないといけないってきょうだいから言われている」と話したことから，児童相談所に相談があった。三女と児童相談所が話ができるように，三女に学校から事前に話をしてもらい，場を設定してもらった。三女と児童相談所職員が面談するが，三女はずっとそわそわしており本児の話をそれとなく聞いても，はぐらかすように「心配なことはない」と言い，具体的な内容を聞くことはできなかった。本児に関しては，まったくそのような話をしていないので，大人が尋ねるきっかけがない状態だった。学校との協議のなかで，三女が話していることについて，今後も慎重に情報共有していくことを決め，しばらく様子を見ることにした。本児の学校での様子は，特に目立ったこともなく，おとなしい雰囲気の子であるが，時折ポツポツ休むことがある。少し勉強が苦手なことがあり，成績はあまりよくないとのことだった。友だちはいるが，それほど多くはない。積極的に行動することはなく，人の後ろからついてくるような感じの子とのことであった。
　しばらくして，本児が突然学校を休むことがあり，担任が翌日休んだ

理由を聞くと，体調が悪かったことをぽつりと話し出し，誘導せずに話を聞いていくと，体調が悪くなった理由は，父から嫌なことをされたからきつくて休んだとのことだった。すぐに学校から児童相談所に連絡があり，本児を保護し，長女，三女についても保護をした。性的虐待を疑う場合は，性的接触の詳細な事実を話さなくても，被害児が断片的な体験を話すことで保護することがある。母に対して保護したことを伝えると，母はやや驚いた様子を見せながらも，わかりましたと特に抵抗を示す様子はなかった。

　その後，本児の被害の様子が明らかとなった。長女は，父との関係性が良くなかったので，性的なことはされたことがないと語り，三女も被害はない（何も知らない，見ていない）と話した。捜査が進み，父が逮捕された。母との面接では，本児の被害のことを知らなかったと涙ぐみ，今後子どもたちを父から守っていくと話し，家庭引き取りを望んでいた。

　心理検査の結果，本児はトラウマ反応があり，不眠や不安を訴えていた。児童精神科の嘱託医からは，複雑性PTSD，安全基地の歪み（役割逆転）と診断された。

　児童相談所の会議の結果，女児3人の家庭引き取りと方針が決まり，家庭引き取りになる前に，学校と直接話し合いの場を持った。学校が心配している点として，被害に遭った家に戻ることについて，被害のことを思い出すことがないか，ずっと休んでいたことについて，友だちから聞かれたり，場に入りにくいのではないかといった，暗に原籍校で対応困難ではないかといったことがあげられた。児童相談所として，3人は兄を含めきょうだいでもともと仲が良く，相談し合うことができていたこと，子どもたちの希望と母の決意により家庭引き取りとなった経緯を伝えた。子どもたちからすると，父からの性的虐待は嫌でやめてほしかったが，普段は子どもたちに対して優しいところもあったので，心中はとても複雑な状況であることを伝えた。その父が結果逮捕されたことによる罪悪感，喪失感など，本児らは複雑に感じることがあると思われる。そのなかで，もちろん被害に遭った場所に戻ることは，トラウマ記

憶を呼び起こす可能性もあるが，それ以上にすべて切り離し，転居・転校することになると，より喪失感が増し，自分のせいで家族がみんな慣れた場所から転居しなければならなくなったと思ってしまいがちになることを伝えた。安心・信頼できる先生（学校）だからこそ，三女は本児の被害を伝えることができ，本児も話せたのだと，さらに児童へのかかわりが良かった学校の対応を称えた。そして，元の生活に戻していくことから，何か感じることを先生に伝えられるようにすることが，回復の一歩につながるのではと伝えた。学校は不安を抱えていたが，今後も児童相談所と情報共有をしながら，随時連絡，学校訪問を行い連携することを決定した。子どもたちは，定期的な児童相談所への通所を行い，児童相談所において環境への働きかけや心理司によるセラピーを行なっていくことを伝え，学校が押し付けられ感や不安感を持たないように，納得するまで話し合いをした。

　家庭に戻り，本児は始めは順調に登校できていたが，次第に遅刻が増え休みがちになってきた。再度，学校と児童相談所で話し合いがもたれた。児童相談所からは，保健室に行くと1日のどこかの時間で教室に戻るように言われ，それが苦痛になり行きたくなくなったという本児の話が伝えられた。学校からは，本児は特に問題ない様子で，自分が苦手な教科の前に保健室に行き，そのまま授業に出ないことが度重なったことと，保健室では元気にしているため，教室に戻るようにうながしていたということが共有された。再度，本児は元気なように見えても，不眠や不安な状況は変わらないことと，「わがまま」と思わず，本児の思いに寄り添ってほしい，安心できる環境がないと頑張る気持ちも出てこないことを伝え，受け止めてほしいことを伝えた。学校はそれ以外にもさまざまな話をすることで，不安が解消され，本児の登校時には「よく来たね」と声をかけていた。本児も少し学校に対して前向きな思いになったとのことだった。

考　察

　性的虐待のケースで，被害者が元の学校に戻ることは，支援者側からすると勇気がいる。性的虐待の噂などが広まっていないかなど，かなりデリケートな問題も存在する。また，被害者が被害に遭った家に戻るのは，心理的な影響を受けると考えられる。しかし，多くのケースでは，住み慣れた場所，友だち，学校への愛着などがあり，転居・転校などに伴ってすべて一から新しい関係を作ることにかなりの動揺を示す子どももいる。こうしたことを児童相談所との話し合いで理解したことで学校は，最善の努力と注意を払いながら受け入れる，といった状態であった。何より，児童相談所は何度も学校と話し合いをしながら，どのような状況になったら連絡する，そしてどのようになったら動くなど，いくつも考えられる問題を互いに共有しながら進めていった。互いのできること・できないことを考え，突き詰めて話し合う機会を持つことで，さらなる学校と児童相談所の信頼関係と，子どもに対する支援の方向性を見つめ直すことができた。

第3節　まとめと提言

　児童虐待の徴候，特に心理的虐待，情緒的ネグレクト，性的虐待などは，子どもをよく観察し，子どもの言葉に耳を傾けていないと気づけない。問題が明らかになって，「あれは……」「もしかしてあのとき……」と，思い返すものである。

　そこで重要となるのは，ちょっとした気づきをすぐに話すことができる，関係性の構築だと考える。教師と子どもの間には，この人なら安心して話せる，親身になって聞いてくれるといった信頼関係を日頃から作っておく必要がある。同じことは，教師と児童相談所との間でもいえる。それぞれの担当者が短期間で変わるのではなく，ある程度の年数継続し，学校との関係性を作ることが重要と考える。何でも言い合える関係性，話をし合える関係性は必要だが，互いの良いところを押さえて意見し合えるようになるべきである。

　学校は，子どもをほぼ毎日確認できる。児童相談所は，問題を抱える親や

子どもに対しての介入のノウハウを持っている。学校と児童相談所が協働して，日常の状況の観察と方向性，専門性を加味して今後の支援に活かし，子どもや家族を下支えできるようになってほしいと考える。

　虐待問題は当然，安心安全に生活できるはずの家庭で，子どもの人権を脅かすような出来事が起こり，子ども自身が混乱したり，落ち着かなかったりといった状態になり，思いもよらない負の出来事が起こり，喪失体験などの，トラウマ体験をする。なんとか，そんな体験をしなくていいように，周りの大人が子どもの SOS をキャッチして，改善できるように，大人を指導したり，健全な周りの大人が，しっかり子どもたちにかかわることで，子どもたちに大人の良いモデルを示すことも大切である。児童虐待を含む，逆境的小児期体験（ACE）は，その後，脳への発達の阻害や健康上のリスクが高まり，大きな影響を与えると ACE 研究によって明らかになっている。学校，児童相談所の連携により，早期に介入し支援につなげていくこと，そしてなにより日常生活の中で，健全なかかわりをもてる大人を増やし，安心と信頼を育てていくことが，傷ついた子どもの回復につながると考える。

さいごに

　児童相談所の児童福祉司としての立場で話をすると，虐待が疑われる保護者との面接より，関係機関との連携の方が困難だと思うことが多い。なぜだろうか。保護者に関しては，「子どもの安全」，「子どもの人権」，「親権者の責任」の視点で話すと，自ずと何を伝えたらいいか，自明の理である。筆者が保護者に伝える内容は，「（他者である大人に対してするように平等に）子どもを一人の人間として尊重してほしい」という思いであり，さまざまな角度から，親が「そうだな」とか「（虐待的な行為をして）しまったな」と思えるように話を組み立てていきたいと思っている。直接的に「（叩いては）ダメです」などと話しても，親がその場で納得していなくても「わかりました。しません」と言えば，終わってしまう。何度も繰り返さないために，じわじわと理解が深まっていくためにも，内的動機づけができるような面接を目標としている。

話を戻すと関係機関の連携がより困難なのはどうしてか。それぞれの立ち位置が違うというのも，もちろん困難さを呼び寄せていると思うが，「（虐待が起こったら）誰の責任になるのか」ということが，一番の心配事になっているからではないだろうか。筆者も実は，「誰の責任になるのか」と学校での他機関が集まった会議で言われたことがあるが，「（周りの）大人の責任だ」と答えたことがある。責任問題を話し合っている時間があるなら，みんなでより良い支援の方法を考えた方が建設的だ。もしかすると，過熱する責任の所在追求が，周りの大人をより縮こませているのではないだろうか。他関係機関が，児童相談所に言ったら「終わり」ではなく「始まり」として，「チャイルドファースト」で取り組めたら，関係機関との困難さを感じることはもっと少なくなるだろう。

【引用文献】
保坂亨（2019）．学校を長期欠席する子どもたち——不登校・ネグレクトから学校教育と児童福祉の連携を考える．明石書店．
厚生労働省（2019）．「児童虐待防止対策の強化に向けた緊急総合対策」の更なる徹底・強化について．[https://www.mhlw.go.jp/content/11900000/000477987.pdf]（2019年8月15日）
文部科学省（2019）．学校・教育委員会等向け虐待対応の手引き．[http://www.mext.go.jp/a_menu/shotou/seitoshidou/__icsFiles/afieldfile/2019/07/16/1416474_003.pdf]（2019年8月15日）

第9章
トラウマインフォームドケア
——学校でのトラウマケアの理解

【田中英三郎】

　トラウマ体験とは，生命が危険に曝されるような出来事や重症を負うような出来事あるいは性的暴力と定義されている（APA, 2013=2014）。具体的な例としては，自然災害，人工災害，激しい事故，他人の変死の目撃，拷問，テロリズム，犯罪被害などである（WHO, 1992）。つまり，トラウマとは，通常のストレッサーとは質的に異なり，個人の対処能力ではどうすることもできない圧倒的な体験である。さて，我々はこのようなトラウマを生涯にどれくらい体験するのであろうか。全世界24カ国，約7万人を対象とした精神保健疫学調査によると，約70％もの人々が生涯に一度はトラウマを体験することが明らかになった（Kessler et al., 2017）。トラウマ体験が，心的外傷後ストレス障害（Post-Traumatic Stress Disorder : PTSD）やうつ病などの精神障害を引き起こしうることは周知の事実である。しかし，トラウマを体験したすべての人々が，こういった精神障害をきたすわけではない。PTSDに限って述べるならば，その発症率はトラウマ体験の種類によって異なる。たとえば身体的暴力ならば5〜10％，性的暴力ならば10〜20％，事故ならば2.5〜5％などと報告されている。正式な診断基準を満たすものはトラウマを受けたものの一部ではあるが，診断閾値以下の心理的苦痛を抱えているものまで含めると，トラウマが人々の精神健康に与える影響は甚大であり，公衆衛生上の重要課題だといえる。
　では，トラウマが子どもたちの精神健康に与える影響はどのようなものであろうか。英国で実施された出生コホート研究によると，18歳までの約30％

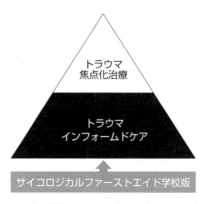

図9-1 学校におけるトラウマケアの全体像

　の子どもがなんらかのトラウマを体験し，その約4分の1はPTSDを発症することが明らかになっている（Lewis et al., 2019）。もちろんトラウマの影響はPTSDだけにとどまらず，抑うつ，素行障害，アルコール依存，自傷，自殺企図，暴力行為などとも密接に関連していることが明らかになった。しかし，PTSDに苦しむ子どもの約80%は，精神保健専門家の支援をなんら受けていないことも判明した。トラウマ体験率の高さや，その精神健康に与える甚大な影響を鑑みると，トラウマケアを精神保健専門家のみで行うことは非現実的であるといえる。このような文脈で近年注目を集めつつあるのがトラウマインフォームドケア（Trauma-Informed Care : TIC）である。TICとは，個人のトラウマからの回復力をうながす大きな枠組みである。Hopperら（2009）の定義では，組織的にトラウマの影響を理解し対応すること，支援者と被害者双方の心身の安全に配慮すること，被害者が自己効力感を取り戻しエンパワーされるような機会を提供すること，とされている。本章では，TICを中心に学校におけるトラウマケアの全体像を解説する（図9-1）。

第1節　トラウマ焦点化治療

　トラウマ焦点化治療とは，トラウマによって生じたPTSD症状を治療す

るための介入である。具体的には，個別心理療法としてトラウマフォーカスト認知行動療法，持続エクスポージャー療法，認知処理療法，ナラティブエクスポージャー法，眼球運動による脱感作と再処理法（EMDR）などがあり（田中，2019a），集団心理療法として Cognitive Behavioral Intervention for Trauma in Schools（CBITS）などがある（Ngo et al., 2008）。本章では，それぞれの心理療法の詳細には立ち入らない。一方，トラウマ焦点化治療に共通して認められる要素として，心理教育，リラクゼーション法，トラウマ記憶へのエクスポージャー，認知処理があげられる。

　心理教育とは，トラウマを体験したあとに，どのような心理反応が起こりやすいか，子どもにわかりやすい言葉でたとえを用いながら説明することである。心理教育を行ううえで大切なことはいうまでもないが，一貫した共感的態度である。さらに，正常化（Normalization）と一般化（Generalization）を十分に行う必要がある。正常化とは，「このような異常な体験をすれば，トラウマ反応が起こることはもっともなことだ」と子どもに保証することである。一般化とは，「こんな異常な体験をすれば，トラウマ反応に苦しむのはあなただけじゃなくて他の子も同じ（あなただけがトラウマ反応を起こしているわけではない）」と子どもに伝えることである。トラウマ反応に苦しむ子どもは，自分が異常になってしまったのではないかと悩んだり，自分だけがこんな風に感じたり考えたりしているのではないかと思っていることが多い。正常化と一般化を十分に行うだけでも，子どもの心理的苦痛はある程度改善される。心理教育を行ううえで参考になる資料を『サイコロジカル・ファーストエイド学校版実施の手引き』（*Psychological First Aid for Schools*：PFA-S）から以下に転載しておく。

　トラウマ後のストレス反応：
　　侵入反応は，トラウマ体験の記憶が心に割り込んでくる反応です。たとえば，出来事に関する苦痛に満ちた考えや光景が勝手に頭に浮かんできたり，夢に出てきたりします。子どもでは，トラウマと関係のない悪夢を見ることもあります。体験を思い出すものに接することによって気持ちや身体が動揺することも，この侵入反応に含まれます。最もひどい

体験が，実際に再び起こっているように感じてしまう人もいます。こういった反応は，注意力や集中力を妨げ，学校生活に支障をきたします。

　回避とひきこもり反応は，侵入反応と距離をおく，あるいは侵入反応を防ぐために起こる反応です。トラウマの出来事について話す，考える，感じることを避けたり，出来事に関連する場所や人など，思い出すきっかけになるものすべてを避けようとしたりします。苦痛を避けようとするあまり，感情は制限され，何も感じなくなることもあります。他者に対して無関心になり，周囲の人から距離をとろうとすることから，社会的ひきこもりに発展する可能性があります。通常なら楽しめるはずの活動に対して，興味を失ってしまうこともあります。こういった反応のせいで，学校を休みがちになったり，学校行事に参加できなくなったり，仲間関係が変化することもあります。

　身体的な過覚醒反応は，危険がまだ存在するかのように反応する身体的変化です。絶えず危険を「警戒」している，すぐ驚く，びくびくする，焦りや怒りを爆発させる，入眠困難や中途覚醒，注意集中困難などが起こります。こういった反応のために，学校や職場に適応できなくなったり，仕事や課題を終えることができなくなったり，対人関係や健康上の問題を抱えたりすることがあります。

（Brymer et al., 2012＝2017，p.59）

　上述した身体的な過覚醒反応に対しては，積極的にリラクゼーション法を用いて自律神経の緊張を解いていくことが有効である。休養，運動，栄養，信頼できる人との対話などが役に立つであろう。また，呼吸法や筋弛緩法などの練習も役に立つであろう。呼吸法の指導法を表9-1に示す。

　トラウマ記憶へのエクスポージャーと認知処理はトラウマ焦点化治療の肝といえる。なぜならば，慢性PTSDの病因として，トラウマ記憶の過剰な回避とトラウマ体験がもたらす否定的な認知の変化が想定されているからである。しかし，トラウマ記憶へのエクスポージャーや認知処理は，専門的な訓練を受けたうえで熟練した治療者のスーパーバイズのもとで実施すべきである。たとえば，持続エクスポージャー療法であれば4日間の入門ワーク

表9−1　呼吸法の指導（Brymer et al., 2012=2017, p.63）

青年	1. 楽な姿勢で椅子に腰掛けて，手足も楽に伸ばしていてください。 2. 鼻か口からゆっくり息を吸ってください（ひとつ，ふたつ，みっつ）肺からお腹まで，気持ちよく空気で満たします。 3. 静かにやさしく，「私のからだは穏やかに満たされています」と自分に語りかけましょう。 4. 今度は口からゆっくり息を吐きます（ひとつ，ふたつ，みっつ）肺も，お腹も空っぽにします。 5. 静かにやさしく，「私のからだはほぐれていきます」と自分に語りかけます。 6. これをゆっくり5回繰り返しましょう。
子ども	からだを楽にするのに役に立つ，呼吸の仕方を練習しよう。 1. いい？　大好きな色を思い浮かべてね。そうそう。じゃあ，鼻か口から息を吸いましょう。 　息を吸いながら，大好きな色と，それと同じ色をした，と〜ってもきれいな物のことを考えましょう。 2. 今度は，口から息を吐きましょう。息を吐くときは，お腹から灰色とお腹にたまった嫌な気持ちも一緒に吐き出すよ。気持ちよくゆっくりと，息を吐いてみよう。 3. 一緒にやってみよう。三つ数える間，大好きな色とそれと同じ色をした，と〜ってもきれいな物のことを考えながら，ゆっくりゆっくり息を吸って。1.. 2.. 3.. 上手だよ。また三つ数えたら，今度は灰色のことと，嫌な気持ちのことを考えながら，ゆっくりゆっくり息を吐いて。1.. 2.. 3.. よくできました！　はい，じゃあもう一度一緒にやるよ。 ［子どもの努力を褒めることを忘れずに］

ショップを受けたあと，認定スーパーバイザーによるセッションごとのスーパーバイズを受けながら治療を進める必要があり，トラウマフォーカスト認知行動療法では3日間の入門ワークショップを受けたあと，グループスーパービジョンに参加しながら治療を進めることが推奨されている。つまり，誰もが簡単に実行できることではない。一方，冒頭でも紹介した通り，生涯トラウマ体験率の高さと精神保健専門家への相談率の低さを勘案すれば，誰もが実行できる標準的なトラウマケアが必要になってくる。それこそがまさに，トラウマインフォームドケアである。

第2節　トラウマインフォームドケア

トラウマインフォームドケアは，トラウマインフォームドアプローチやト

ラウマインフォームドプラクティスなどと呼ばれることもあり，特定の治療プログラムではなく，幅広い支援の基本理念を象徴するものである。Harrisら（2001）によると，トラウマインフォームドケアは，トラウマそのものを治療し回復を目指すトラウマ焦点化治療とは異なり，トラウマについての理解を支援全体に組み込み，支援のすべての局面で回復を促進する状況を作り出すものであると述べている。亀岡（2019）は，示唆に富んだ事例を提示しトラウマインフォームドケアの必要性を示しているため，以下に引用する（事例 9 - 1 〜 9 - 4）。

事例9-1　身体医療

　繰り返し身体的虐待を受けてきた A さんが，身体疾患で医療機関を受診した。その医療機関は混み合っていたため，簡単な説明をしただけで A さんに注射をした。A さんは，「自分の意に反して痛いことをされる」という状況で，過去の身体的虐待場面を繰り返し想起するようになり，著しい苦痛を感じた。A さんは，二度と医療機関を受診しなくなり，A さんの健康状態はさらに悪化した。

事例9-2　精神科医療

　過去に性暴力を受けた統合失調症の B さんの通院が不規則になった。関係者は服薬が不規則になったためだと考え，入院治療に導入しようとした。しかし実は，B さんは最近性暴力の加害者に偶然遭遇してしまったため，被害時の恐怖の記憶が繰り返し想起され，精神不安定な状態に陥っていたのだ。精神科病院に入院時，B さんが不穏興奮状態に陥ったため，医師と看護者は，大声でその理由を説明しながら隔離拘束をした。その大声がさらに B さんの被害体験を想起させ，B さんは著しい不穏興奮を示した。

事例9-3　社会的養護

　継父から性的虐待を受けていたＣ子は，やっとの思いで被害体験を学校の先生に開示した。Ｃ子は，放課後学校にやってきた児童相談所の担当者から事情を聞かれ，その後一時保護を経て児童養護施設に入所した。Ｃ子は，「耐えきれずに先生に話しただけで，こんなことになるとは思っていなかった」「学校の友達とは離れたくなかった」との思いが強く，さらに，性的虐待時の記憶が繰り返し想起されるようになった。Ｃ子は恐怖とつらさのために，施設職員に反抗したり他児と諍いを起こしたりした。施設ではその都度Ｃ子に反省を求め，ペナルティを与えた。Ｃ子の不適応行動はますます増悪した。

事例9-4　学校教育

　身体的虐待とネグレクトを受けてきたＤ男は，学校で勉強に集中することができず，成績が振るわなかった。授業中はぼーっとしているか，イライラして絶えず身体のどこかを揺らしていた。教師は，Ｄ男の態度が不真面目であるととらえ，「背筋を伸ばしなさい」「やる気を出しなさい」と激励した。Ｄ男の注意集中困難とイライラは改善せず，Ｄ男は教室から出ていくようになった。

　事例に示すように，さまざまな支援現場で行われている通常の対応が，再トラウマ化を起こしうる。しかも，支援者がトラウマに対する意識や感受性をもっていなければ，相手を傷つけていることにさえ気づかず，問題をさらに悪化させてしまうかもしれない。

　トラウマインフォームドケアの実践に関しては，米国薬物乱用精神保健管理局（Substance Abuse and Mental Health Services Administration：SAMHSA）が公開しているSAMHSAのトラウマ概念とトラウマインフォームドアプローチのための手引き（SAMHSA, 2014=2018）の中で詳しく述べら

れているので，以下にその概要を解説する。

　最初は，Event（トラウマとなる出来事），Experience（トラウマ暴露体験），Effect（トラウマによる影響）を理解することから始まる。つまり，子どもがどのようなタイプの出来事に暴露されたか，それはどのような体験だったか，そのときに何を考えてどんな気持ちになったか，そのことが今にどう影響しているのかについて支援者は知る必要がある。また，子どもの年齢，発達段階，文化的信念，社会的サポートなどについても考慮しておくべきであろう。トラウマというもの自体を支援者が見ようとしなければトラウマインフォームドケアは始まらない。トラウマについての意識が支援者の中で高まれば，次にすべきことは，トラウマの心身への影響とその回復過程を理解（Realize）し，子ども，家族，支援者が抱えるトラウマの反応を認識（Recognize）し，トラウマ反応に対して適切に対処（Response）することである。これが結果的には，子どもの2次的トラウマ化を予防する（Resist

表9-2　トラウマインフォームドケアの六つの原則

1．安全	子どもと支援者の両方の身体的，心理的安全を確立する。
2．信頼と透明性	組織の意思決定の透明性を確保する。その結果，子どもと家族，支援者の間に信頼感が醸造される。
3．ピアサポート	トラウマ体験者同士やその家族も含めた支え合いを重視する。
4．協働と相互性	相談者と支援者，専門職と非専門職などの間に生じるパワーバランスに注意を払い，誰もがそれぞれの役割を果たせるようにする。
5．エンパワメント，意思表明と選択	トラウマ体験者の強さと経験を尊重する。トラウマ体験者自身が，自己決定できるように支援者は支える。支援者自身もその職務に専念できるような組織的サポートを受ける。
6．文化，歴史，ジェンダーに関する問題	組織としてこれらの問題に目を向け，ジェンダーを意識したサービスを提供し，文化的なつながりを治療的に活用し，人種や民族や文化に基づくニーズを政策に取り入れ，歴史的トラウマにも対処する。

re-traumatization）。こういったトラウマインフォームドケアを実践するために，六つの原則が提唱されている（表9-2）。

　ここに示したトラウマインフォームドケアの六つの原則は，具体的な手順や技法ではない。そのため，この原則は，それぞれの実践現場に応じて柔軟に運用されるべきである。

第3節　サイコロジカル・ファーストエイド学校版 (PFA-S)

　ここで，トラウマインフォームドケアを学校現場で実践していくために，具体的にどうすればよいのかという疑問が出てくる。そこで筆者は，米国で開発されたPFA-Sが有用な指針となるのではないかと考える。サイコロジカル・ファーストエイドとは，災害時に支援者が被災者と接する際に共通して身につけておくべき心構えと対応法をまとめたものである。ただし，サイコロジカル・ファーストエイドで示されている支援の手順は，災害時に限らず幅広く日常のトラウマケアに有効な内容である。

　筆者はPFA-S実施の手引き日本語版を作成し，その手引きに基づき対面1日研修を開催して研修効果検証を行った。PFA-Sはその名が示すとおり，学校でのPFAの実施を念頭に作成されたものである。なぜなら，学校は子どもが多くの時間を過ごす場所であり，かつ災害時には支援の拠点となりうるからである。PFA-Sは子どもを対象としているが，子どものみに限定されたものではなく，保護者や教職員の心理社会的支援まで含めている。PFA-Sはその知識をもったものならば誰でも提供可能だが，現実的には教師やスクールカウンセラーが提供者として想定される。したがって，本研究では研修受講者（参加者）を週5日以上日常的に子どもと接する機会のある教職員に限定した。対面1日研修は計8回実施し，約200名弱の参加者を得た。参加者はランダムに介入群と待機群に振り分け，この2群の研修効果を比較した。アウトカム指標は，心のケアを提供する主観的自信，PFA-Sで示される心のケアに関する望ましい行動の頻度とした。介入群では待機群に比べて，両アウトカム指標の有意な向上が認められた（田中，2019b）。

トラウマを体験した子どもたちの多くは，急性期にさまざまな心理反応を呈するものの，PTSD まで発展することは少なく，時間とともに回復していく。しかし，これはトラウマを受けた子どもたちを放置しておいてよいということではない。トラウマからの回復には，周囲の適切なサポートが欠かせないといわれている。では，どのようなサポートが適切なのだろうか。PFA-S では，特に学校現場で心が傷ついた子どもたちにどのように接し，どのようにサポートしていくべきなのかが具体的に記されている。PFA-S には中心となる八つの活動が示されている（Brymer et al., 2012=2017）。

　具体的には，以下のとおりである。

1．被災者に近づき，活動を始める（Contact and Engagement）

　被災者を支援するうえで最も重要なことは，良好なラポール（関係性）を築くことである。この活動の目的は，その足がかりをつくることである。具体的には，初対面ならば必ず自己紹介をする（名前，所属，役割），話しかけてもよいか本人や保護者から許可をとる，被災者のニーズに焦点を当てるなどである。また，被災者へは常に共感的な態度で接することに意識を置く。非常事態では，個人のプライバシーが守られにくいことが多々あるため，話を聞く際にはプライバシーが守られた環境を可能な限り設定する。

2．安全と安心感（Safety and Comfort）

　安全は最も優先されるべき事項である。この活動の目的は自分，被災者，現場それぞれの安全を確かめ，安心感を高めることである。この活動を進めるうえでのポイントは，情報の入手と取り扱いである。非常事態では，情報は待っていても届かない。関係者との直接の対話，メディア，インターネットなどを通して能動的に情報を集める必要がある。災害時には情報を制するものが災害を制する。

　一方，災害の急性期には，さまざまな情報が洪水のようにあふれる。子どもを過剰な災害の情報に曝すことは，2次的トラウマを与える可能性があるため，大人がある程度コントロールする必要がある。しかし，青年期になれば，自らネットなどで情報を得ることは容易であり，大人が完全にコント

ロールすることは不可能である。したがって，子どもがどんな情報を知って
いて，それをどのように考え感じているのか，率直に話し合う必要もある。
もし，そこで誤解があれば，大人は子どもと話し合ってそれを解決しておか
なければならない。また，子ども，保護者，教職員から，情報を求められる
こともある。その時点で正確な情報をわかりやすい言葉で伝えるように努力
する。決して，憶測で不正確な情報を伝えてはならない。わからないことが
あれば，それは正直にわからないと伝え，その情報を得るためにどのような
努力ができるかを示せばよいであろう。

3．安定化 (Stabilization)

　安定化は必要に応じて実施する。この活動の目的は情緒的に圧倒されてい
る被災者に対して，気持ちが落ち着くように手助けすることである。まず，
大切なことは，多くの被災者には安定化が必要ではないということである。
しかしなかには，興奮，混乱が著しく，明らかに安定化が必要になる場合も
ある。また，茫然自失，無反応となってしまい，一見すると落ち着いている
かのように映る被災者もいる。しかし，こういったタイプでも心の中の混乱
は極めて強く，安定化の技法が必要になる。PFA-S（Brymer et al.,
2012=2017，pp. 39-40）ではグラウンディング法が安定化技法として紹介さ
れている。

4．情報を集める (Information Gathering)

　適切なアセスメントのためには情報が必要である。この活動の目的は被災
者が今必要としていることや困っていることを明らかにし，何が優先度の高
い事項かという情報を得ることである。そのためには，被災者が経験したト
ラウマ的出来事についてもある程度触れる必要が出てくるかもしれない。し
たがって，これまでの活動（1～3）で行ってきた，"被災者との良好な関
係"，"安全と安心の確保"，"安定化"が不十分ならばこの活動を始めては
ならない。
　また災害の急性期では，トラウマ的出来事に関連する話題を詳しく聞きす
ぎないように注意すべきである。しかし，被災者が自らの体験を積極的に語

ろうとすることもある。その場合は，被災者の語りを否定することなく，今
いちばん役に立つのは被災者自身の現在のニーズを知ることで，今後体験を
語れるようにスクールカウンセラーなど専門家を紹介することもできると伝
えていくことがよい。

5．現実的な問題の解決を助ける（Practical Assistance）

　極度のストレスを抱えた状況では，子どもも大人も視野狭窄に陥ることが
ある。また，直面している問題が大きすぎると，"解決策はない"と考えて
何も行動を起こさなくなってしまうことがある。この活動の目的は，被災者
が自ら問題を解決する力を取り戻せるように支援していくことである。その
ためには，まずは何が問題なのかを明確にすることから始める。そして，大
きすぎる問題は，できるだけ具体的な小さな問題へと分割していく。すべて
の問題を一度に解決しようとはしないことが大切である。問題が明確化でき
れば，次にその解決法を被災者と一緒に考えていく。

　解決法を考えるうえでは，ブレインストーミングが役に立つ。ブレインス
トーミングとは，集団の自由な議論を通じて新たなアイデアを創出する方法
である。ブレインストーミングを行ううえでは，アイデアの実現可能性の判
断は後回しにする，多くのアイデアを出す，アイデアを結合し発展させるな
どのルールを設ける。そして，被災者と一緒になんらかの解決法を考え出す
ことができれば，次は具体的な行動計画を立てて実施していく。支援者は常
に被災者自身の問題を解決する力を奪わず，黒子としてサポートしていくこ
とがポイントである。

6．周囲の人々とのかかわりを促進する（Connection with Social Supports）

　ソーシャルサポートは被災者の精神的な安定と回復に最も重要な要素であ
る。トラウマ的出来事を経験すると，現実的にも心理的にも他者との関係性
が希薄になってしまいがちである。支援者は，被災者がもっている人とのつ
ながりを回復できるようにアドバイスしていく。家族や友人などその人に

とって大切な人々とのつながりをできるだけ早く回復することはいうまでも
ないが，それ以外にも公的機関の支援サービスなども重要なソーシャルサ
ポートの資源である。そして支援者自身もたとえ短いかかわりでも，被災者
にとって意味のあるソーシャルサポートであることを忘れてはいけない。

7．対処に役立つ情報 (Information on Coping)

　この活動の目的は，ストレスに関する心理教育を行い，被災者の適応的な
コーピングスキルを伸ばしていくことである。ストレス反応とはどのような
ものなのか，トラウマ的出来事を体験したあとに生じるトラウマ反応とは
どのようなものなのかを被災者にわかりやすい言葉で伝えていく。そして，
そのような反応は，緊急事態に対する正常な反応であるということを強調す
る。被災者は自分なりのストレスに対するコーピングスキルをもっているた
め，支援者は被災者のコーピングスキルが十分発揮できるように支えていく
ことが大切である。

8．紹介と引き継ぎ (Linkage with Collaborative Services)

　支援活動には必ず終わりがある。本活動の目的は，やりっぱなしの支援に
ならないように，支援活動の終わりに必要な紹介と引き継ぎを行うことであ
る。これは支援の継続性を保つという点で非常に大切な活動だといえる。

9．まとめ

　PFA-S は，トラウマ的出来事の直後に提供するのが最も効果的である
（例：ある事件の1時間〜数週間後）。状況によっては，生徒や職員の安全が
確保できたら，まだその出来事が起こっている最中（例：避難所や閉じ込め
られた場所）でも実施することができる。対象者は，災害やその他の非常事
態に曝された生徒，教職員，家族を想定している。非常事態が起こったのが
学校の敷地内でも地域全体でも，学校は専門家が子ども，家族，教職員，学
校関係者を援助するための中心的な拠点となる。この介入方法は，治療とし
ての心理療法ではない。したがって，精神保健の専門家はもちろんである
が，精神保健のトレーニング経験の有無にかかわらず誰でも実践することが

できる。

【引用文献】

American Psychiatric Association（2013）. *Diagnostic and statistical manual of mental disorders*. 5th ed.〔日本精神神経学会（監）（2014）. DSM-5 精神疾患の診断・統計マニュアル. 医学書院.〕

Brymer, M., Taylor, M., Escudero, P., Jacobs A., Kronenberg, M., Marcy, R., Mock L., Payne, L., Pynoos, R., & Vogel, J.（2012）. *Psychological first aid for schools: Field operations guide, 2nd Edition*. National Child Traumatic Stress Network.〔兵庫県こころのケアセンター・大阪教育大学学校危機メンタルサポートセンター（訳）（2017）. サイコロジカル・ファーストエイド学校版　実施の手引き　第 2 版〕〔http://www.j-hits.org/psychological_for_schools/index.html〕（2020年 6 月19日）

Harris, M., & Fallot, R. D.（2001）Envisioning a trauma-informed service system: A vital paradigm shift. *New Directions for Mental Health Services*, 89: 3-22.

Hopper, E. K., Bassuk, E. L., & Olivet, J.（2009）. Shelter from the storm: Trauma-informed care in homelessness services settings. *The Open Health Services and Policy Journal*, 2, 131-151.

亀岡智美（2019）. トラウマインフォームドケアと小児期逆境体験. 精神医学, 61（10）, 1109-1115.

Kessler, R. C., Aguilar-Gaxiola, S., Alonso, J., Benjet, C., Bromet, E. J., Cardoso, G. et al.（2017）. Trauma and PTSD in the WHO World Mental Health Surveys. *European Journal of Psychotraumatology*. 8（sup5）, 1353383.

Lewis, S. J., Arseneault, L., Caspi, A., Fisher, H. L., Matthews, T., Moffitt, T. E. et al.（2019）. The epidemiology of trauma and post-traumatic stress disorder in a representative cohort of young people in England and Wales. *The Lancet Psychiatry*, 6（3）, 247-256.

Ngo, V., Langley, A., Kataoka, S. H., Nadeem, E., Escudero, P., & Stein, B. D.（2008）. Providing evidence-based practice to ethnically diverse youths: Examples from the Cognitive Behavioral Intervention for Trauma in Schools（CBITS）program. *Journal of the American Academy of Child and Adolescent Psychiatry*, 47（8）, 858-862.

Substance Abuse and Mental Health Services Administration.（2014）. *SAMHSA's concept of trauma and guidance for a Trauma-Informed Approach*. HHS Publication No.（SMA）14-4884. Substance Abuse and Mental Health Services Administration.〔大阪教育大学学校危機メンタルサポートセンター・兵庫県こころのケアセンター（訳）（2018）. SAMHSA のトラウマ概念とトラウマインフォームドアプローチのための手引き. [http://www.j-hits.org/child/index4.html#no1]（2020年 5 月14日）

田中英三郎（2019a）. PTSD の治療選択. トラウマティック・ストレス, 17（1）, 54-61.

田中英三郎（2019b）. サイコロジカル・ファーストエイド学校版の普及と活用. 心的トラウマ研究, 14, 41-58.

World Health Organization（1992）. The ICD-10 classification of mental and behavioral disorders: Clinical descriptions and diagnostic guidelines.

第10章
チーム学校の取り組み

【松浦正一】

はじめに

1．学校危機における二つの危機管理

　子どもの苦戦する背景には学校内外で起きるさまざまな出来事がある。た
とえば，2011年の東日本大震災などの自然災害や通学途中の交通事故，いじ
め自殺といった児童生徒の自死，LGBTQへの理解と対応，ソーシャルネッ
トワーキング・サービス（Social Networking Service：以下，SNS）を用い
たコミュニケーションにかかわる諸々の問題など，教育問題は複雑化・多様
化している。さらに子どもの貧困といった問題も加わり，学校に求められる
役割が拡大している。そのため，文部科学省（2015；以下，文科省）は，心
理や福祉等の専門性スタッフを学校現場に参画させ，専門性に基づくチーム
体制の充実を図ろうとしている。

　このような教育問題や事件・事故や災害に児童生徒が巻き込まれると，学
校全体が混乱し，本来学校が持ち合わせている判断力や問題解決能力が損な
われてしまう。その結果，学校が機能不全に陥り，二次被害や対応のミスや
遅さから新たなリスクが発生してしまう（窪田，2017）。このような状態
は，学校が危機に陥っている状態である。これを「学校危機」という。最近
では事件・事故を絶対に起こしてはならない，という安全対策とともに，起
きてしまった後の対応の重要性が注目されている（高階，2010）。つまり，
学校において安全教育と安全管理・危機管理は一体的に進められることが重
要になってきている（戸田，2015）。危機管理は，事前の危機管理（リス
ク・マネジメント）と事後の危機管理（クライシス・マネジメント）の二つ

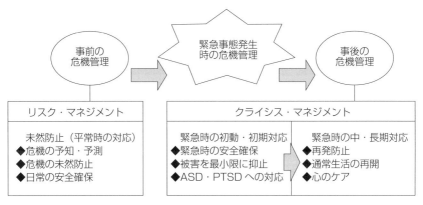

図10-1　危機管理プロセスの段階的対応（長野県教育委員会，2012）

の側面があり，事後の危機管理においては事件・事故の発生後に適切かつ迅速に対処・避難などによって，被害を最小限に抑えることが求められている（図10-1）。

　リスク・マネジメントは，未然に事件・事故を予防するために学校が取り組む安全管理と安全教育の実施と危機管理体制の整備による予防対策である。また，クライシス・マネジメントは，事件・事故や災害の発生に対して迅速に対応し，被害が拡大しないように対処することである。学校危機に対する緊急支援は主に後者であり，その出来事に対して学校外の支援チームの支援を受けるのか，内部で対応していくのかは，学校全体の管理者である学校長の判断に委ねられる。

　さらにクライシス・マネジメントは，学校内の危機対応委員会で対応することになるが，危機による衝撃度が大きい場合は学校長の要請に従い，緊急支援チームが短期間学校に入り支援活動を行うことになる。なお，日常では校長，副校長など管理職を中心として構成されたいじめ・不登校対策委員会が定期的に開催されているが，危機時はこの委員会をベースにして危機対応チームが構成される。

　このように教育委員会や学校は児童生徒が事件・事故，災害などに巻き込まれ，あるいはそのような場面を目撃し，心に強い衝撃を受けたときの対応が求められるようになってきた（瀧野，2006）。このときに外部機関あるい

は教育委員会が組織するチーム（緊急支援チーム）が緊急対応に特化した形で緊急支援活動を行うようになってきている（藤森，2006）。

2．専門職を活用した校内支援体制

　一方，子どもの支援体制の充実のためには，学校・家庭・地域との連携，そして，教師・スクールカウンセラー（以下，SC）・スクールソーシャルワーカー（以下，SSW）等との連携の必要性が認識された（文科省，2017a）。文科省（2016）では，再発防止も含めた学校事故調査の体系化や事件・事故後の被害者・遺族等への説明責任の明確化など対策を講じている。また，学校事故対応に関する調査研究の実施や文科省内に子ども安全対策支援室を設置するといった施策も行っている。

　しかしながら，このような予防や事後の対策を講じても事件・事故を防ぐことは容易ではなく，発生した事案に直接対応するのは学校現場の教職員が中心となる。このようなときに教育委員会では，学校の管理職を中心に教職員や養護教諭や，SC らと連携して事案に対応しているのが現状である。中央教育審議会（2008）は，「SC は，子どもに対する相談，保護者や教職員に対する相談，教職員などへの研修のほか，事件・事故や自然災害などの緊急事態において被害を受けた子どもの心のケアなど，近年ではその活動は多岐にわたっており，学校の教育相談体制において，その果たす役割はますます大きくなっている」と報告している。同様に，内閣府（2017）の子どもの貧困対策会議では「すべての子どもの安心と希望の実現プロジェクト」において，貧困家庭への支援を行ううえで SSW を活用し，子どもが置かれたさまざまな環境への働きかけや問題解決のための体制整備，貧困対策のための重点加配など，配置の拡充を行うとしている。

　これらの専門職を学校で活用していくことは，緊急支援だけでなく教育問題に取り組んでいくうえでは重要なことである。中央教育審議会（2015）から「チームとしての学校の在り方と今後の改善方策について」（答申）が出され，学校の専門スタッフとしてこれまで学校教育にかかわってきた SC や SSW などを教職員定数に入れる方向性が示された。つまり，これが子どもの支援体制の充実のための「チームとしての学校（以下，チーム学校）」で

ある。

　本章では学校危機における学校内の危機管理委員会（以下，危機対応チーム）について検討を行い，学校危機においてチーム学校がどのように機能するのかについて検討する。その前にチーム学校について簡単に概要を説明する。

第1節　チーム学校の実現のために

　文科省（2015）は，チーム学校を実現するために「専門性に基づくチーム体制の構築」，「学校のマネジメント機能の強化」，「教職員一人ひとりが力を発揮できる・環境の整備」という三つの改善案を示している。まず，この三つの改善とそこでの専門職としての役割と学校危機における役割について考える。

1．専門性に基づくチーム体制の構築

　文科省は，これまで教育問題に対して教職員が中心となり課題解決にあたるとしていた。しかしながら，先に述べたように教育問題が複雑化・多様化してきたため，心理職や福祉職といった専門スタッフの力を借りながら支援体制を組む必要が出てきている。実際に SC は，いじめ・不登校の問題解決にあたり，教育相談体制の充実を図るために1995年度の「スクールカウンセラー活用調査研究」を経て，学校へ配置されるようになった。また，SSW については児童生徒の問題行動などの背景に家庭，友人関係，地域，学校など児童生徒の置かれている環境の問題があるとして，2008年度から「スクールソーシャルワーカー活用事業」が始まった。

　これらの事業をさらに進めて，こうした専門職を学校の支援メンバーとして加え，教職員の指導体制の充実と業務の分業を行おうとしている。こうすることにより教職員も含めた学校職員がそれぞれの専門性を生かして，学習指導や生徒指導などの多様な教育活動をチームとして取り組もうとしているのである。これまで SC や SSW は外部の専門家としてとらえられることが多かったが，今後は学校の専門スタッフとして学校教育の向上に貢献するこ

とが期待される。

　そのためには，校内において有機的に機能するように役割を明確にし，教員との連携や分担体制について検討していくことが求められる。各専門スタッフの役割や教員との連携を検討するためには図7-1（本書 p.106）が参考になるだろう。さらに学校は学内のスタッフとの連携だけでなく，家庭，地域と連携し，協働して一つのチームとして機能することも求められている。

　学校危機において SC や SSW は危機対応チームに属してその専門性を生かすことになる。たとえば，SC は児童生徒の個別の面接やアセスメント，保護者や教員に対して子どもとのかかわり方について助言や心理教育，管理職に対して当面の心のケアについて支援プランの助言を行っていくことが考えられる。また，SSW は学校危機に陥っている問題と児童生徒を取り巻く環境と関連性について情報を収集し，アセスメント（課題やニーズの把握）を行い，児童生徒と取り巻く環境の強み（ストレングス）を生かした具体的な支援策を考えることになる。その際，個別支援会議（カンファレンス）を開催し，校内だけでなく家庭，地域（関係機関を含む）との連携と協働を図ることになる。

2．学校のマネジメント機能の強化

　学校が家庭，地域と連携し，協働して一つのチームとして機能するためには，校長のリーダーシップが極めて重要となる。校長は学校経営と学校管理のトップであり，学校を管理運営するうえで必要なすべての事項は，校長の権限と責任においてなされることになる。ただ，教育問題が複雑化・多様化してきたことで，校長だけの判断では意志決定をすることが難しくなってきている。そのため，副校長や教頭，事務長，主幹教諭も含めて学校のマネジメント機能を強化することが求められている。SC や SSW といった専門職もそれぞれの専門性を生かして子どもの援助にかかわる学校教育のマネジメントに貢献できる存在として期待されている。

　また，学校危機においては SC，SSW といった専門職による管理職に対するコンサルテーションが危機対応の鍵となる。学校危機において学校全体が

機能不全を起こしており，通常発揮できる危機対応能力が大きく損なわれている状態である。そのため，学外からの危機対応チームの支援が必要となる。学校外の危機対応チームが支援を開始するまでは校内の支援チームが対応をしていくことになり，ここでの初期対応の善し悪しがその後の危機対応を左右することになる（松浦，2019a）。

3．教職員一人ひとりが力を発揮できる環境の整備

チーム学校を実現するための3番目の改善方策としては，教職員一人ひとりが力を発揮できる環境の整備があげられている。そのために人材育成や業務環境の改善，教育委員会等による学校への支援の充実が求められている。SC は，人材育成のための研修に心理専門職の研修講師としてかかわることで教職員の人材育成に貢献できるだろう。また，業務環境の改善については，学校職員のストレスチェックを養護教諭と協力しながら実施し，結果の分析を担当することで環境改善のための具体策を提案することができるだろう。公認心理師は心の健康教育の企画・実施・評価に関わることが求められている（石隈，2019）。

また，SSW の配置形態にはいくつかの形態がある（表10-1）。筆者の知る限り SSW は派遣方式や巡回方式で配置や活用が行われている。教育委員会は SSW の派遣事業を充実させるために SSW を増員する必要がある。

学校危機において SC は，学校職員に対する学校危機におけるストレスについての心理教育や，個別面接や養護教諭と連携してメンタルヘルスに問題のある，あるいは，リスクの高い学校職員への対応を検討することで学校職員のメンタルヘルスケアに貢献できるだろう。また，SSWは学校職員とそこを取り巻く環境をアセスメントすることで個々の支援ニーズをとらえ環境改善に努めることができるだろう。さらに，緊急支援に特化して指導・助言を

表10-1　SSW の配置形態（文部科学省，2017b をもとに作成）

派遣方式	SSW を教育委員会に設置し，学校からの要請に応じて派遣する
巡回方式	SSW を教育委員会に設置し，複数校を定期的に巡回する
単独校配置方式	特定の学校に SSW を配置する
拠点校配置方式	SSW を拠点校に配置し，近隣校を巡回する

行うことのできる指導主事の派遣，あるいは，配置の充実が求められる。

第2節　学校危機における危機対応チーム

1．学校心理学と危機対応チーム

　危機対応チームとは，学校内で児童生徒が抱える問題に対して実態把握や支援のあり方等について検討し，支援を実行し，支援が適切であるかどうかを評価する支援体制である。学校によって名称が異なることもあるが，同様の機能を有する会議や部会なども危機対応チームに相当する。学校心理学においては，子どもの4領域（学習面，心理・社会面，進路面，健康面）における問題状況を援助することを目的にして，教師とコーディネーター（生徒指導担任，教育相談係，養護教諭など）が保護者と連携して校内支援体制を構築することをチーム援助と呼ぶ（石隈・田村，2018）。子どものいいところや気になるところ，これまで行ったことや現在行っている援助を4領域に基づいて整理し，援助方針や具体的な援助案（どのような援助を誰がいつからいつまで行うのか）を考える。そして，このような対応チームで検討された支援計画は個別の支援計画として，管理職や関係職員で共有され共通理解を図る。校内にこのような支援チームがあることで，子どもの問題を担任が一人で抱え込むということがなくなり，さまざまな立場の関係者が協力することによって，必要な情報を共有し，適切な対応を考え出すことができる。

2．学校心理学の援助チームと危機対応チーム

　危機対応チームは，管理職，教育相談担当，生徒指導主事，養護教諭，各学年の教育相談担当，SCといった立場の異なる学校スタッフで構成される（図10-2）。管理職である校長は，学校全体としての支援体制を築くためにリーダーシップを発揮することが求められる。その他の学校スタッフの役割については図10-2を参照されたい。

　また，校長は学外の専門機関との連携が必要な場合（児童虐待や貧困の問題における児童相談所との連携や緊急支援チームの派遣要請など），学校全体としての意思決定をする必要がある。レベルⅠあるいはⅡ程度であれば校

危機対応チーム

管理職（校長・副校長など）
子どもの状態を把握し，校内の支援体制がうまく機能しているのかを常に見直し，いじめ・不登校対策委員会などが機能するようにリーダーシップを発揮する。外部専門機関との連携の窓口となる。

生徒指導主事	教育相談コーディネーター	養護教諭	SC・相談員
子どもの問題行動に関しての情報を得られやすい立場から，各援助者と連携を図り，子どもの指導にあたる。	校内の支援体制を中心となってまとめ，教職員や子どもとSCをつないだり，外部専門機関と学校をつなぐなど，コーディネーターとしての役割を果たす。	子どもの心身に関する情報が入りやすい立場から，子どもの変調にいち早く気づくことができる。校内の各援助者に情報を発信し，連携を図り，対応する。保健室に来室する子どもの内面をよく把握し，安心できる場を提供する。	子どもや保護者のカウンセリングやアセスメントを行い関係する教員と情報交換を行いながら対応について助言する。いじめ・不登校対策委員会や外部機関との連携の場では，専門家として臨床心理学の知見を伝え，援助に反映させる。

各学年の生徒指導・教育相談担当
各学年の子どもの情報を，学級担任との連絡を通して常に把握しておく。いじめ・不登校対策委員会で検討した対応策について学年の教職員集団に伝えるなど，委員会と学年とのつなぎ役となる。

各学年の教職員
日頃から子どもの状態に気を配り，わずかな変調に気づくことができる。一人で抱え込むことなく，早めに各援助者と連携し，ともに対応する。場合によって家庭訪問や電話連絡を定期的に行う。

図10-2　危機対応チーム（いじめ・不登校対策委員会など）の組織と各援助者の役割

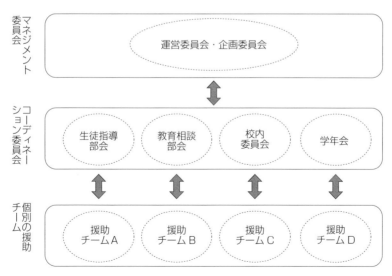

図10-3　3層の援助サービスのシステム（家近，2019）

内の支援チームで対応が可能であるが，レベルⅢ以上になれば外部からの支援が必要である（第6章第2節を参照）。

　また，学校心理学では，学内に3層の援助サービスのシステムがあるとしている。それは，①特定の児童生徒に対して編成される個別の子どもへの援助チーム（田村・石隈，2013），②学校の校務分掌などに位置づけられ恒常的に機能するコーディネーション委員会（家近・石隈，2003），③学校全体の教育システムの運営に関するマネジメント委員会（山口・石隈，2007）である（図10-3）。そして，コーディネーション委員会は横のコーディネーションの場であり，マネジメント委員会は縦のコーディネーションの場である。管理職が参加するコーディネーション委員会は，縦と横のコーディネーションをつなぐ場であり，その重要な機能の一つがマネジメントの促進である（石隈，2017）。

第3節　チーム学校による危機対応

　学校危機においてチーム学校による危機対応がどのように行われているのか，専門職がどのような働きや連携を行っていくのかを事例に基づいて検討する。なお事例については，学校危機における支援について検討するための架空の事例である。

事例10-1　重大事態におけるチーム学校の取り組み事例

　中学2年生A子は情緒的に不安定になりやすいものの比較的性格がおとなしく，クラスの中でも目立つことはない。動作が緩慢で物事への取り組みが遅く，学力もそれほど高くない。友だちはクラス内にはいないが，他のクラスで同じ美術部の友だちのB子，C代とよく廊下で一緒に話している姿を見かける。

　新学期早々，A子は同じクラスのE美とトラブルになった。E美は，活発で積極性はあるが，相手のことを考えずに，はっきりとものを言うところがあり，学力は低いもののクラスでも影響力のある女子の一人で

ある。7月にある校外学習で同じ班になったE美は、班を仕切って校外学習の発表資料や発表原稿を作成していたが、A子の作業が遅いため、思ったように進まないことに腹を立てていた。そのイライラが高じて、作業が遅いことをしつこく注意した。

さらに校外学習の班でSNSを使用してやりとりをしていたが、そこにもA子に対する不満や文句を書くような事態になってしまった。E美のA子に対する不満に対して同じ班のメンバーは同調するようになり、結果的にA子は班の中でも孤立するようになった。A子は登校をしぶるようになった。母親が何かあったのか聞いても何も言わないまま、数日が過ぎた。学校を休んだ日の夕方にB子とC代がA子を訪ねて来た。SNSで「学校へ行くのがつらくなった。今まで仲良くしてありがとう」という文章を送ってきたので、心配して来たのだという。

母親が慌ててA子の部屋へ行き、無事を確認したが、部屋にあるものを確認したところロープが見つかった。どういうつもりでこのようなものをもっているのか確認をしたところ、A子が自殺を図ろうと考えていたことがわかった。さらに携帯電話をチェックしたことによって班内でのやりとりが明らかになった。母親は、担任にこのことを伝え、対応をお願いした。

保護者の連絡によって担任は事態を把握することになった。担任は学年主任や生徒指導主事、校長に報告をし、対応について協議した。校長は今回の問題をいじめ重大事態と考え、校内に管理職を中心として危機対応チームを作り（図10−2参照）、今回の問題に対応することにした。

まずは事実確認をするためにA子と保護者の了承を得て携帯電話の内容を確認した。さらに担任は、A子と保護者をSCにつなぎ、A子の心理的なケアと学校には見せない保護者の思いを受け止めてほしいということをお願いした。A子は、母親が自分の携帯電話を無断でチェックしたことに不満をもっていたが、出来事が明らかになったり、自分の気持ちを理解してもらえたことで安堵を感じていた。学校への行きづらさはあるが、校外学習を楽しみにしていることやみんなが謝ってくれれば、それでいいということも述べていた。母親は、学校の対応にすべて

任せるということだったが，対応によっていじめが陰湿化しないかを心配していた。対応については，保護者とも相談しながら進めていくことになるので，要望を伝えやすい教員はいないか聞いたところ担任で大丈夫ということだった。

　SC は A 子や保護者の思いを危機対応チームへ報告するとともに SC が B 子と C 代への面接を行うか，各担任から心情面について聞き取りを行うとともに保護者に家で接していて変化がないかを確認した方がよいのではないかということを提案した。それを受けて学年会で検討して，担任が対応することになった。SC は A 子からの SNS メッセージを受け取ったときの気持ちや感情を聞くことと，心配して A 子の家を訪ねたことを労うこと，再び A 子から心配になるような連絡があれば，まず担任や保護者など信頼する大人に話をすること，そして，現在心身の不調がないかを確認することを担任に助言した。さらに，面接の内容によっては SC が対応することも申し合わせた。

　その他に学年会では，E 美の他者に対する言動は日頃から問題があり，そこに焦点が当たった。E 美とは養護教諭がよく話をしていて，家庭環境が複雑であるという情報提供があった。担任からは，学校には遅刻が多く，月に 2 日ほどは欠席があることや担任が生活指導をする際も返事は良いが，話をあまり聞いていない感じであること，生活習慣が乱れがちで，朝起きられないために遅刻が多くなっていることや家庭へ連絡して母親へ生活習慣について話をしても学校の働きかけに協力的ではない，という。これを機会に厳しく指導した方がよいのではないかという話になった。

　危機対応チームによる会議を行い，E 美や班員への対応を協議した。その結果，SNS の内容に基づいて E 美や同じ班の生徒が A 子にしたことについて事実確認とそれに対する指導を行う。さらに各生徒の保護者に対してもこの件について報告を行い，家庭でも子どもに指導するよう協力を依頼することになった。保護者や A 子にも対応について伝え，了承されたため各自に事実確認を行った。

　事実確認を終わった後に，この事態と対応について職員会議において

生徒指導部から報告を行い，教職員全体で共通理解を図った。ただ，SCはE美の背景についても早急に調べて指導の仕方について検討が必要ではないか，と述べた。E美について小学校からの申し送りは何かなかったのか，また，SCは小学校の方にも関わっているので小学校への情報収集もできるという提案があった。これらを踏まえて校長は今回の事案に対する対応について早急にE美の背景についても調べて保護者とも連携して指導にあたっていくのがよいと方針を定めた。

　このように学校では，子どもの問題に対して通常，個別の援助チームで対応の検討がなされるが，緊急性が高いと校長が判断した場合，危機対応チーム（本事例では管理職と学年主任，生徒指導主事，担任など）が緊急に立ち上げられる。さらに，個別の援助チームでの援助内容などをコーディネーション委員会（本事例では学年会や生徒指導部）で情報共有し，今後の対応や方針を決めていく（図10-3参照）。このようにして管理職や生徒指導主事，教育相談担当，特別支援コーディネーター，養護教諭，SCなど，校内のさまざまな立場から相互コンサルテーションが行われる。相互コンサルテーションとは，援助チームの話し合いにおいて，それぞれが相互にコンサルタント（助言者）とコンサルティ（助言を受ける人）を交代する関係である（田村・石隈，2013）。

事例10-1　つづき①

　B子とC代については各担任が面接を行い，SNSのメッセージを受け取ったときは驚いたが，お互いに相談してA子の家を訪ねたということや訪ねたときに問題なく過ごしていたので安心したことが語られた。現在の心身の状態についても特に不具合はなく，A子が休みがちであることが気になっているということだった。各担任はSCから事前に助言があったこと（A子からもらったSNSのメッセージを見て，心配したことを伝えてもよいことやこれまでと変わらない付き合い方でよ

いこと）も伝えながら，気になることがあれば信頼できる大人に話をするように話をした。

　E美については，小学校からの申し送りやSCが得た，過去の情報として次のようなことがわかっている。きょうだいが6人いて，高校生の兄が1人，妹弟が4人いる。小学生の頃は，母親がE美に学校を休ませて妹弟の面倒をみさせるようなこともあったようだ。父親とは離婚しているが，ときどき家に立ち寄ったりしているということだった。低学年の頃に学力の遅れが気になり，担任が特別支援級の利用について母親に働きかけをしたところ，離婚した父親が学校に怒鳴り込んできたということがあった。結局，家庭学習をもう少ししっかり見てもらうということで，通常学級で学習支援を行いながら学校生活を送った。家庭の養育状況に問題は残ったが，学習の遅れはあるものの特別支援級へ入級するほどではないということで，小学校は卒業していった。

　E美の資質や家庭環境にまつわる背景から，SCは，E美の言動などにトラウマによる影響があると考えた。トラウマインフォームドケア（Trauma-Informed Care：以下，TIC）について管理職へ説明を行い，単に叱責するような指導だけでなく，E美の気持ちにも寄り添いながら指導を行うことを提案した（TICについては第2章を参照）。また，E美の問題と家族のアセスメントのために教育委員会へのSSWの派遣要請を提案した。校長はA子や保護者の心情にも配慮しながら，E美に対する支援の重要性を認識し，教育委員会にSSWの派遣要請を行った。

　SSWは今回のトラブルの件でE美の母親と面接を行った。話を聞くなかで母親が子育てと仕事に追われているだけでなく，自分の両親の介護にも時間を取られ，子どもたちのことまで気が回らないことがわかった。離婚した夫が家族にかかわることで介護する時間ができるので，乱暴なところが子どもたちにどのように影響するのかは気になるが，現状では仕方がないという考えであった。

　SSWは，E美の母親が子どもの問題を自覚していながら経済的，時間的な余裕のなさから改善するための行動に至っていないと考えた。し

かしながら，経済的，時間的な余裕のなさがありながらも行動し続ける点は母親の強み（ストレングス）とも考えられた。

両親の介護については地域の包括支援センターと連携するとともに，福祉的に支援を受けられる制度の紹介をした。また，市区町村の福祉課から，利用可能な母子支援の情報を母親へ提供した（第7章参照）。

また，現在明らかな虐待が生じているわけではないが，母親からE美が小学生の頃に妹弟の面倒をみさせるために学校を休ませ，自分は仕事に出ていたという話も出てきたため，児童相談所との連携と要保護児童対策地域協議会（以下，要対協）へ情報を上げることを校長に提案した（児童相談所との連携については第8章を参照）。

E美は，今回の事態において周囲を巻き込みA子へ攻撃をしていた。まず，担任と学年の生徒指導担当でE美への個別の指導を行った。E美に対して，A子への思いを聞いたところ，A子の動作などが遅いことでグループメンバーが迷惑していたことや，E美が幼少期に行動が遅いことでいつも父親に怒鳴られたり，小突かれたりして怖い思いをしていたので，自分でも気をつけるようになった。そのため，A子にも自分が怒ったりすることでA子が迷惑をかけないよう注意をするようになるのではないかと考えたことが語られた。E美は自分がそうであったようにA子にも同じようになってほしいという思いがあった。しかし，その行為がA子を追い詰めていたというところまで思いが至っていなかった。しかし，今回の指導でそのことに気づいたようだった。

これまでの情報を整理して子どもの問題行動の課題や具体的な支援策を検討するために，SSWも交えて個別支援会議（カンファレンス）を行った。今回の問題についてはE美も自分の言動などを反省していた。A子にクラスでの居づらさを感じさせないためにも，お互いの気持ちを話させる機会を設けることにした。E美自身に関係改善のスキルを身につけさせることも一つの目的にしたが，話し合いの場をもつことがA子にとって心理的な負担とならないかをSCから確認してもらうことになった。A子はE美が自分のことを理解してくれ謝ってくれるのなら，担任の先生らが同席のうえで話し合いたいと述べた。

それぞれの保護者の了解を得たうえで，担任と学年主任が同席でＡ子とＥ美の話し合いの機会をもった。Ａ子とＥ美はそれぞれの思いを伝えつつ，Ｅ美は自分の行いについて素直に謝り，今後相手のことを考えて言動に気をつけることを約束した。これらの対応については校長にも報告をしながら進めていった。その後，Ａ子とＥ美，そして班内の生徒たちは協力して校外学習の準備を行い，当日を迎えて学習活動は問題なく終わった。

　事例でみてきたように専門職が学校の支援チームに加わることで，それぞれの専門性に応じた支援や提案を行っている。心理職は学校と本人や保護者に寄り添うことで気持ちに耳を傾け，支援のニーズを把握することやトラウマによる情緒面と行動面への影響を学校側に伝えることができる。また福祉職は保護者の話を聞き，課題を整理し支援ニーズを明確にして具体的な支援を考え，必要に応じて外部機関との連携や要対協への報告を提言している。このように子どもや保護者の支援のニーズを把握して，学校との関係調整や環境調整，外部機関との連携，そして，中長期を見据えた支援を検討することが可能となった。

　また，校長は学校経営と学校管理のトップであり，学校で生じた教育問題に対して判断と決断をし，リーダーシップを発揮しなければならない。本事例では，校長がいち早く重大事態と判断し，教育委員会とも相談しながら事態の把握や解決に動いた。河野（2006）は，危機対応の目的や目標をはっきりさせておく必要があることを述べている（表10−2）。対応に迷ったときに，危機対応の目的や目標に立ち戻ることで，対応のブレを防ぐことができるとしている。

　今回の事例では，学校の専門スタッフとしてSCとSSWを加えたチーム学校を考えて事例を作成している。今後，学校のスタッフとして常勤化されることで専門職の活用の仕方もさらに変わるものと考える。

　最後に今回教職員のメンタルヘルスケアについては触れていないが，Ａ子とＥ美の担任は同じクラスにいじめの加害生徒と被害生徒がいるため，

表10-2　危機対応の目的と達成目標 （河野, 2006）

危機対応の目的（例）	危機対応の達成目標（例）
1）子どもと職員の体と心を守る	1．子どもと職員の安全が守られる 2．二次被害の拡大が防止される 3．心に傷を受けた人に支援が提供される
2）教育等学校本来の機能を維持する	4．学校の日常活動が平常に運営される
3）子ども，保護者，社会からなお信頼を保つ	5．お互いの信頼が保たれる
4）危機からも学び，プラスに変えていく	6．お互いに気遣い，助け合う関係が育まれる 7．危機管理態勢が向上する

大変なストレスがかかったと考えられる。事態が収束した後に対応について振り返りながら，現在の心身の状態の確認や関係者が体験の共有化を行い，教師自身の学びや成長を考える機会をもつことが必要である。

第4節　学校危機におけるチーム学校の課題

　中央教育審議会（2015）は，チーム学校を提言し，専門性に基づくチーム体制の強化を求めている。SC と SSW は学内でも専門スタッフとして，学校職員として法令に位置づけられ，職務内容等を明確化され，質の確保と配置の充実を進めるとした。前節において事例を用いながら学校危機におけるチーム学校の取り組みの実際について検討を行った。SC や SSW が学校職員として常勤化され，チーム学校が実現すれば，それぞれの専門性に基づいて多面的で多様な視点から情報収集が行われ，アセスメントに基づき具体的な支援へと結びついていくと考える。さらに，学校における危機管理だけでなく，安全教育の取り組みも行っていくのはチーム学校の役割となるだろう。

　樋渡（2017）は県内の小中学校の教職員3,507名に対して，どのような学校危機を経験しているのか，印象に残った学校危機は何かについて調査を行っている（表10-3）。これを見ると全体の26.4％がなんらかの危機を経験していることがわかる。これは向笠ら（2012）の調査とも同様の結果で，約

表10-3　教職員が体験した学校危機事案 (樋渡, 2017)

N=3,507

	遭遇事案	
	延件数	%
児童生徒の自殺・自殺未遂	227	18.8
学校の管理外の事件・事故による児童生徒の死傷	312	25.8
学校の管理内の事件・事故による児童生徒の死傷	168	13.9
教師の不祥事の発覚	181	15.0
地域で生じた衝撃的な事件や自然災害による被害	97	8.0
教師の自殺など突然の死	79	6.5
児童生徒による加害事件	33	2.7
その他	111	9.7
総数	1,208	100

３割の教職員が事件・事故といった学校危機を経験していることになる。これだけ多くの事件・事故といった学校危機を体験している教職員がいるということは，それぞれの経験則で対応していくのではなく組織立った対応をしていくための研修プログラムが必要だと考える。

　また，チーム学校が危機対応チームを担うのであれば緊急支援における教育職，心理職，福祉職の役割を明確化することがより一層求められる。特に近年SSWも緊急支援にかかわるようになってきている。しかしながら，その役割が明確になっていないため，福祉職を生かした支援活動ができているのか疑問である。そういった点からも学校危機における各職種の役割を明確にすることは急務である。

　そして，チーム学校の実現には，学校内の連携と学校・家庭・地域の連携が必要である。チーム学校には学内のチーム連携という意味と家庭，地域との連携という意味があり，学内のチーム連携で危機対応を行う場合は学内の危機対応チームで対応し，地域との連携における危機対応チームというのは学外から人が入る緊急支援チームと学内の危機対応チームが連携して対応するということである（図10-4）。

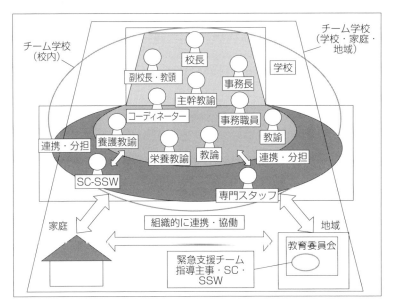

図10‑4　チーム学校と緊急支援チーム（中央教育審議会，2015 をもとに松浦・石隈が作成）

　同様に学校危機に対する研修は学内レベルの研修と地域レベル，つまり教育委員会レベルの研修と両方が必要である。チーム学校は学内のチームと学外の資源を巻き込んだチームの二重構造であり，学校危機に対する研修は教職員全体の研修，校内の危機対応チームに対する研修，地域レベルでの指導主事，心理職，福祉職といった専門職への研修といった三つのレベルがある。そのため支援者育成のための研修プログラムの開発，特に災害だけでなく事件・事故による危機対応の研修を学校内と学校外の危機対応チームに対して行うことが求められ，そのような取り組みが学校内外の連携強化に結びつくと考える。

　松浦（2019b）は学校危機における援助職（指導主事，SC，SSW）が行う緊急支援の内容（三職種共通の支援内容やそれぞれの職種特有の支援内容と役割分担）について明らかにし，研修プログラムを提案している（表10‑4）。ここで「学校危機に関する基礎知識」は講義形式に限らず，各内容を小冊子にまとめた教材やメディア教材などで，事前学習という形式で学んで

表10-4　危機対応チームに対する研修プログラム案（松浦，2019b）

カテゴリー	研修内容
学校危機に関する基礎知識	学校危機の定義や緊急支援の意味や意義
	学校危機の危機レベル
	危機に直面した子どもの心身の反応
	子どもの心のケア（支援方法）
学校危機に対する緊急支援の流れ	教育職（指導主事），心理職，福祉職の支援内容の特徴や役割の理解
	学校危機に対する緊急支援のロールプレイ： 時系列に情報が追加され，支援者の動きやケアプランの策定について学んでいく
学校危機における緊急支援の実習	学校危機の事例から危機レベルの判定と支援内容の検討： 事例をもとに危機レベルの判定を行い，「危機介入の優先順位」を決めるなかで即時対応が必要，あるいは必要でない児童生徒や職員を問い，理由を記述し，グループでシェアを行う
	心理教育のロールプレイ： 研修のファシリテーターが心理教育の例を見せる形やグループ内で心理教育を実施する形をとることも可能。個別カウンセリングとして教員に対するデブリーフィングの面接トレーニングとして行うことも可能
	学級危機介入のロールプレイ： 研修のファシリテーターが学級危機介入リーダーの役割を取り，研修参加者が危機的な出来事を体験した学級の児童生徒の役割を取る

いくことも可能であるとしている。これらを学ぶことで，どんな情報を収集し共有することが必要であるか判断し，それを基に学校危機のアセスメントや，児童生徒の心身の健康や安全の配慮についての把握をすると共に，それを教師へのコンサルテーションに役立てるという一連の流れを身につけることになる。また，学校危機のアセスメントをするにあたり，危機レベルを推測することが，支援に要する期間や，必要な外部からの支援者の人数を，おおよそ把握することにつながる。危機レベルが高いほど支援に要する期間や支援の人数が増えることになる。これらの知識が心理教育や心のケアについての支援プログラムを作成するときに生かされる。

　特にどの職種も共通して実施し，効果があることが認識される支援（三職種の標準研修プログラム）や各職種が専門性に基づいて行う標準的な支援

研修アディショナルプログラム	指導主事 ・学校運営についての助言・提案 ・マスコミ対応についての助言提案 ・警察との連携 ・支援チーム本部や面接室の確保 ・支援チームのメンバー紹介や役割の確認 ・翌日や中長期支援に向けての引き継ぎ	心理職 ・保護者，児童生徒への心理教育 ・翌日や中長期支援に向けての引き継ぎ	福祉職 ・学校運営についての助言・提案

三職種の標準研修プログラム	・教職員への心理教育
	基盤研修プログラム ・情報の収集や共有 ・配慮を要する児童生徒の把握 ・児童生徒の対応についてのコンサルテーション

図10−5　三職種における研修プログラムの全体構造（松浦，2019a）

（アディショナル研修プログラム）については定期的に知識や技能を洗練していくことが必要である。これらの関係を図にしたものが図10−5である（松浦，2019a）。これらの研修プログラムは，学外の緊急支援チームに対しての研修プログラムであるが，学内においても適用できるものと考える。

　心理教育については対象者に対してストレス反応やその対処方法について具体的に話をしていくことになる（松浦，2012）。知識を他者に伝えることが求められるため，ロールプレイによる研修が有効である（松浦，2019a）。ロールプレイを研修に取り入れることで，冷静に判断し行動することのトレーニングに役立つことや，組織的対応への意識につながることが示されている（山本・田嶋，2011）。

　このように学外の緊急支援チームと学内の危機対応チームが同じ研修を受けることで危機対応の目的や方針が共有され，理解されることで学校内外の支援チームが有機的に機能することが可能である。

　あわせて，全国の学校に危機対応主事と SC，SSW が配置されれば，学内の危機対応チームで対応できる事案が増えると考えられる。そうすることが，いち早く児童生徒の安心と安全感を高め，学校危機に見舞われても早期に日常の学校生活を送れるようになるのではないだろうか。

さいごに

　心理職の資格が公認心理師として資格化されたことを機に，学校危機における緊急支援の全国的なネットワークや全国共通の標準的な支援プログラムの策定を進めていくことが望まれる。日本はいつどこで災害に見舞われてもおかしくない。東日本大震災や熊本地震のような震災が起きたときに医療関係であれば災害時派遣医療チーム（DMAT）が派遣されたり，消防関係では緊急援助隊が派遣されたりする。最近では災害派遣精神医療チーム（Disaster Psychiatric Assistance Team：DPAT）も活動をするようになってきている。学校危機における緊急支援においてもこれらに習った危機対応チームを全国展開させることが望まれる。その先駆的な取り組みとして学校危機におけるチーム学校の危機対応の積み重ねと研究が求められる。

【引用文献】

中央教育審議会（2008）．子どもの心身の健康を守り，安全・安心を確保するために学校全体としての取組を進めるための方策について（答申）．文部科学省，14-15.

中央教育審議会（2015）．チームとしての学校の在り方と今後の改善方策について（答申）．文部科学省.

藤森和美（2006）．学校危機への緊急支援——被害を受けた児童・生徒への心のケア．犯罪者学研究，16，70-87.

樋渡孝徳（2017）．教師と緊急支援．福岡県臨床心理士会（編）．学校コミュニティへの緊急支援の手引き．金剛出版，122-135.

家近早苗（2019）．学校づくりの援助．野島一彦・繁桝算男（監修）・石隈利紀（編）．公認心理師の基礎と実践18 教育・学校心理学．遠見書房，171-181.

家近早苗・石隈利紀（2003）．中学校における援助サービスのコーディネーション委員会に関する研究——A 中学校の実践をとおして．教育心理学研究，51，230-238.

石隈利紀（2017）．コーディネーションとチーム援助の方法．日本学校心理学会（編）．学校心理学ハンドブック 第2版——「チーム」学校の充実をめざして，教育出版，162-163.

石隈利紀（2019）．教育・学校心理学の意義．野島一彦・繁桝算男（監修）・石隈利紀（編）．公認心理師の基礎と実践18 教育・学校心理学．遠見書房，11-26.

石隈利紀・田村節子（2018）．〔新版〕石隈・田村始期援助シートによるチーム援助入門.

河野通英（2006）．学校危機へのポストベンション──校内での自殺，生徒同士の殺人事件等へのCRT活動の紹介．［http://www.mext.go.jp/b_menu/shingi/chousa/shotou/063_6 /shiryo/attach/1369761.htm］（2019年12月1日）

窪田由紀（2017）．学校コミュニティの危機　福岡県臨床心理士会編　学校コミュニティへの緊急支援の手引き．金剛出版，15-37.

松浦正一（2012）．学校現場における心理教育　前田正治・金　吉晴編　PTSDの伝え方──トラウマ臨床と心理教育　誠信書房，187-209.

松浦正一（2019a）．学校危機における緊急支援の支援者のための研修プログラムの開発および有用性の研究．博士論文（未刊行）.

松浦正一（2019b）．学校危機における安全教育の促進のための研修プログラムの開発──チーム学校（指導主事，スクールカウンセラー，スクールソーシャルワーカー）による緊急支援に焦点をあてて．安全教育学研究，18(2)，1-18.

文部科学省（2015）．チームとしての学校の在り方と今後の改善方策について（答申）．中央教育審議.

文部科学省（2016）．学校事故対応に関する指針．［https://anzenkyouiku.mext.go.jp/guideline-jikotaiou/index.html］（2020年5月29日）

文部科学省（2017a）．児童生徒の教育相談の充実について──学校の教育力を高める組織的な教育相談体制づくり．［https://www.mext.go.jp/component/b_menu/shingi/toushin/__icsFiles/afieldfile/2017/07/27/1381051_2.pdf］（2020年1月10日）

文部科学省（2017b）．教育相談等に関する調査研究協力者会議（平成27年12月4日～）　報告．［https://www.mext.go.jp/b_menu/shingi/chousa/shotou/066/gaiyou/1381049.htm］（2020年7月20日）

向笠章子・山田幸代・林　幹男・窪田由紀・樋渡孝徳（2012）．学校コミュニティの危機絵の緊急支援プログラムに関する実証的研究(1)──プログラム開発／システム構築と実践の過程．日本心理臨床学会第31回大会発表論文集，308.

長野県教育委員会事務局保健厚生課（2012）．学校危機管理マニュアル作成の手引き．長野県教育委員会.

内閣府（2017）．子どもの貧困対策会議　第4回．［https://www8.cao.go.jp/kodomonohinkon/kaigi/index.html］（2019年11月1日）

高階玲治（2010）．学校の危機対応．教育と医学，58(7)，2-3.

瀧野揚三（2006）．学校危機への対応──予防と介入．教育心理学会年報，45，162-175.

田村節子・石隈利紀（2013）．スクールカウンセラーによるコア援助チームの実践：学校心理学の枠組みから（教育心理学と実践活動）．教育心理学年報，42，168-181.

戸田芳雄（2015）．学校における安全教育充実の方向性について──我が国の学校安全行政の動向等を踏まえて．安全教育学研，15(1)，3-19.

山口豊一・石隈利紀（2007）．中学校における学校マネジメント委員会にどのような機能があるか──企画委員会を題材とした質的研究．筑波大学学校教育論集，29，51-62.

山本俊美・田嶋八千代（2011）．危機管理力を高める校内研修に関する実践的研究．安全教育学研究，11(1)，53-69.

執筆者紹介

渡邉　正樹（わたなべ　まさき）【第1章】
1988年　東京大学大学院教育学研究科博士課程修了
現　在　東京学芸大学教職大学院教授，博士（教育学），日本安全教育学会理事長，日本学校保健
　　　　学会理事
著　書　『学校安全と危機管理 三訂版』（編著）大修館書店 2020，『レジリエントな学校づくり
　　　　──教育中断のリスクと BCP に基づく教育継続』（共編著）大修館書店 2019，『緊急確
　　　　認！ 学校危機対策・頻発36事案──学校の安全・安心を脅かす重大危機への備えは万全
　　　　か⁉』（編）教育開発研究所 2014他

内海　千種（うちうみ　ちぐさ）【第2章】
2002年　大阪教育大学大学院教育学研究科障害児教育専攻修了
現　在　徳島大学大学院社会産業理工学研究部准教授

中村　有吾（なかむら　ゆうご）【第2章】
2002年　大阪教育大学大学院教育学研究科障害児教育専攻修了
現　在　徳島大学キャンパスライフ健康支援センター助教

土岐　祥子（とき　さちこ）【第3章】
2017年　武蔵野大学大学院人間社会研究科博士後期課程卒業
現　在　横浜市教育委員会学校カウンセラー

浅野　恭子（あさの　やすこ）【第4章】
1991年　京都女子大学大学院家政学研究科児童学専攻修士課程修了
現　在　大阪府立障がい者自立センター所長
著　書　『マイステップ──性被害を受けた子どもと支援者のための心理教育』（共著）誠信書房
　　　　2016，『あなたに伝えたいこと──性的虐待・性被害からの回復のために』（共訳）誠信書
　　　　房 2015，『子どもへの性暴力──その理解と支援』（分担執筆）誠信書房 2013他

藤森　和美（ふじもり　かずみ）【第5章】
〈編著者紹介参照〉

澤地　都志子（さわち　としこ）【第6章 第1節2，第3節〜さいごに】
1988年　東京学芸大学大学院修士課程修了
現　在　三鷹市教育センター心理職，横浜市スクールスーパーバイザー，公認心理師，臨床心理士

松浦　正一（まつうら　しょういち）【第6章 前文，第1節1，第2節，第10章】
2019年3月　東京成徳大学大学院心理学研究科博士後期課程単位取得退学
2019年9月　博士（心理学）取得
現　在　帝京平成大学大学院臨床心理学研究科准教授，博士（心理学），日本ストレスケア研究所
　　　　所長

著　書　『子どもへの性暴力——その理解と支援』（共編著）誠信書房 2013，『PTSD の伝え方——
　　　　トラウマ臨床と心理教育』（分担執筆）誠信書房 2012，『学校での効果的な援助を目指し
　　　　て——学校心理学の最前線』（分担執筆）ナカニシヤ出版 2009他

渡邉　香子（わたなべ　きょうこ）【第 7 章】
現　在　横浜市教育委員会教育総合相談センター担当係長（スクールソーシャルワーカー活用事業
　　　　スーパーバイザー），大阪府立大学スクールソーシャルワーク評価支援研究所　客員研究
　　　　員
著　書　『教師のためのスクールソーシャルワーカー入門——連携・協働のために』（分担執筆）大
　　　　修館書店 2019，『すべての子どもたちを包括する支援システム——エビデンスに基づく実
　　　　践推進自治体報告と学際的視点から考える』（分担執筆）せせらぎ出版 2016

鶴田　智子（つるた　ともこ）【第 8 章】
2020年　明星大学通信制大学院教育学研究科教育学専攻博士後期課程修了
現　在　福岡市子ども総合相談センター調整課総合相談係長，博士（教育学）

田中　英三郎（たなか　えいざぶろう）【第 9 章】
2020年　大阪大学大学院医学研究科社会医学講座公衆衛生学博士課程修了
現　在　兵庫県こころのケアセンター特別研究員

編著者紹介

藤森　和美（ふじもり　かずみ）

2001年　筑波大学大学院教育研究科カウンセリング専攻修士課程修了
2005年　大阪大学大学院人間科学研究科博士後期課程修了
現　在　武蔵野大学人間関係学部教授，博士（人間科学），公認心理師，臨床心理士
編著書　『子どもへの性暴力——その理解と支援』（共編著）誠信書房2013，『大災害と子どものストレス——子どものこころのケアに向けて』（共編著）誠信書房2011，『学校安全と子どもの心の危機管理——教師・保護者・スクールカウンセラー・養護教諭・指導主事のために』（編著）誠信書房2009，『保健室は震災救護センター』（共著）少年写真新聞社2009，『学校トラウマと子どもの心のケア——学校教員・養護教諭・スクールカウンセラーのために 実践編』（編著）誠信書房2005，『被害者のトラウマとその支援』（編）誠信書房2001，『こどものトラウマと心のケア』（編）誠信書房1999，『悲嘆の処理』（分担執筆）サイエンス社1997，『心のケアと災害心理学——悲しみを癒すために』（共著）芸文社1995，『対人心理学の最前線』（分担執筆）サイエンス社1992

学校トラウマの実際と対応
——児童・生徒への支援と理解

2020年8月20日　第1刷発行

編著者　藤　森　和　美
発行者　柴　田　敏　樹
印刷者　藤　森　英　夫

発行所　株式会社　誠　信　書　房
〒112-0012　東京都文京区大塚3-20-6
電話　03（3946）5666
http://www.seishinshobo.co.jp/

子どもへの性暴力
その理解と支援

藤森和美・野坂祐子 編

性暴力を受けて悩んでいる子どもをどう理解しどう支援していくかについて臨床心理を中心とした現場の専門家から最新の知見を集めた。

目次
第一部　子どもに対する性暴力──概論
第1章　子どもへの性暴力による被害の実態
第2章　性暴力が子どもの発達に与える影響
第3章　性的虐待の発見と子どもへの影響
第4章　性暴力を受けた子どもの性問題行動
第5章　性暴力被害の長期的影響
第二部　性被害を受けた子どもへの支援
　　　　──実践編
第6章　学校における介入支援の実際
第7章　保護者に対する心理教育
第8章　性的トラウマに焦点を当てた支援の実際
第9章　支援者の性に関する意識と自己理解
第10章　男性支援者が女子被害者に支援を
　　　　行ううえでの臨床姿勢
第11章　性暴力被害に学校やスクールカウ
　　　　ンセラーがどう関われるか

B5判並製　定価(本体2400円+税)

学校でできる
アート・アズ・セラピー
心をはぐくむ「ものづくり」

栗本美百合 著

スクールカウンセラーや養護教諭が、今日から活かせるアートセラピーの楽しいアイディアを、豊富なイラストや写真とともに多数紹介。

主要目次
序　章　アートセラピーとアート・アズ・セ
　　　　ラピー、そして「ものづくり」
第Ⅰ部　ものづくりのもたらすもの──安心
　　　　してものづくりの場を提供するために
第1章　居場所づくり
第2章　素材について
第3章　ものづくりのプロセス
第4章　身体感覚へのアプローチ
第5章　日常性と非日常性について
第Ⅱ部　相談室・保健室でできるものづくり
　　　　メニュー
第6章　簡単な素材や日常の動作でできる
　　　　ものづくり
第7章　絵画の苦手意識を少なくするもの
　　　　づくり

B5判並製　定価(本体1900円+税)